纳税实务全真实训系列教材

增值税发票网上认证系统实训教程

CMAC 认证中心编写组 ◎ 编

图书在版编目(CIP)数据

增值税发票网上认证系统实训教程/CMAC认证中心编写组编. —上海：立信会计出版社,2016.1
ISBN 978-7-5429-4837-3

Ⅰ.①增… Ⅱ.①C… Ⅲ.①增值税—税收管理—管理信息系统—中国—教材 Ⅳ.①F812.423-39

中国版本图书馆CIP数据核字(2016)第012587号

责任编辑　蔡莉萍
封面设计　杜国华

增值税发票网上认证系统实训教程

出版发行	立信会计出版社		
地　址	上海市中山西路2230号	邮政编码	200235
电　话	(021)64411389	传　真	(021)64411325
网　址	www.lixinaph.com	电子邮箱	lxaph@sh163.net
网上书店	www.shlx.net	电　话	(021)64411071
经　销	各地新华书店		
印　刷	上海锦良印刷厂		
开　本	787毫米×1092毫米	1/16	
印　张	7.75		
字　数	214千字		
版　次	2016年1月第1版		
印　次	2016年1月第1次		
印　数	1—5100		
书　号	ISBN 978-7-5429-4837-3/F		
定　价	32.00元		

如有印订差错,请与本社联系调换

增值税发票网上认证系统实训教程编委会成员名单

主　　审　李高齐

编委会成员（按姓氏笔画为序）

　　万小东　王文俐　王伶俐　尹　航　孔祥银　刘晓红
　　杨京钟　吴子强　吴志明　谷彦芳　邹　江　沈　斌
　　宋振水　张　敏　张雅彬　张新成　陈　岳　陈治国
　　陈　影　陈　翼　郑蕊蕊　赵素娟　赵　勤　胡绍雨
　　夏　敏　徐　严　徐细勇　彭　云　曾惠芬

前言 FOREWORD

"纳税实务全真实训系列教材"是配合财刀网"税务实训平台"使用而编写的实训教材丛书,配有教学案例。本教材根据教学特点,结合税务局和企业业务规范,进行教学角色分工、流程组织、实训效果评估、实训档案采集等方面的探讨。

《增值税发票网上认证系统实训教程》是用于学习和上机操作"企业纳税人普通应用网上认证软件"的指导教材。本教程以模拟企业完整会计期间的经济业务为基础,以发票为业务载体,按照增值税进项发票的认证管理要求,完成以模拟税务端取得正确的"认证结果通知书""认证结果清单"为结果,教师根据教学案例的正确答案进行实训评价。

《增值税发票网上认证系统实训教程》是CMAC认证体系中初级税务专员岗位认证的必备岗位技能教科书之一,其内容也是其他会计岗位需要掌握的基础知识。

本教程由CMAC认证中心编写组编,同时得到众多高校财税专业老师对知识点选择、教学案例设计、实训课时安排、实训结果评价标准和方法等内容的审核、补充、修改和完善。

正是得到很多从事财务、会计、税收、金融管理等专业领域有深厚理论研究功底和丰富实践教学经验的老师们的精心修改和完善,才有本系列教材的正式出版。

由于涉及学校及老师众多,名单不一一列出,在此一并对老师们的真诚付出表示感谢。

CMAC认证中心
2016年1月

CMAC 认证与初级税务专员

CMAC 认证全称是会计能力成熟度认证,该认证致力于提升中国会计人员专业技能和综合素质,是财政部关于《会计行业中长期人才发展规划(2010—2020)》的重要部署。

CMAC 认证中心通过联合财政部会计资格评价中心、中国会计学会及有关财经院校等方面的专家力量,引进国外先进的人才测评技术,自主研发了 HX-LMS 系统和 CMAC 认证平台,创建了会计岗位能力模型。CMAC 认证是会计人员在国家会计专业技术职称评定外的又一个权威会计岗位认证体系,是岗位认证技术创新成果的重要应用。

该认证证书分实习员、出纳员、初级税务专员、财务经理、财务总监等共 15 个岗位等级证书,是企业招聘、用人的测评工具,是会计专业人士的终身专业护照,此证书已经被广大用人单位了解和接受。

初级税务专员是 CMAC 认证中心推出的一款专门培养企业办理涉税业务人员的技能等级证书,侧重于培养和测评会计人员对经营主体涉税业务的相关知识和操作技能,既包括税收理论、税收政策等知识的掌握,也重视实际业务操作技能的训练。紧跟国家税收管理科学化、精细化、信息化的潮流,围绕企业和税务局普遍使用的信息系统、管理工具及业务流程,完全模拟实际操作环境、票据及管理要求,给予学生身临其境的效果,增强对实际业务的感性认识,提高学生实际业务动手能力,从而提高就业竞争力。

初级税务专员实训项目主要包括以下内容:

- 增值税发票网上认证实训系统。
- 增值税防伪开票实训系统。
- 增值税发票网上抄报税实训系统。
- 增值税一般纳税人申报实训系统。
- 增值税小规模纳税人申报实训系统。
- 查账征收企业所得税纳税申报实训系统。

- 核定征收企业所得税纳税申报实训系统。
- 个人所得税纳税申报实训系统。
- 地税综合税收申报实训系统。

参加一个实训项目,经上机操作考试合格,可获得单项实训合格证书,在此基础上,参加CMAC认证中心学习,取得CAMC 3级电子证书后,可向财刀网申请取得"初级税务专员"纸质证书。

实训合格证和初级税务专员证书能给学生带来应聘、晋级、加薪等方面的帮助。

更详细资讯请查阅财刀网,网址: http://www.caidao8.com。

CAMC认证中心

2016年1月

目 录 CONTENTS

第一章 增值税发票网上认证系统 ········· 001
  第一节 增值税发票认证的发展历程 ········· 001
    一、认证系统发展背景 ········· 001
    二、认证系统的作用 ········· 001
    三、目前企业认证的一般方法 ········· 002
    四、两种认证方法的优缺点 ········· 002
  第二节 网上认证系统介绍 ········· 002
    一、网上认证系统的定义 ········· 002
    二、网上认证系统的流程 ········· 002
    三、网上认证系统设备组成 ········· 003
  第三节 网上认证系统应用 ········· 003
    一、网上认证系统登录 ········· 003
    二、系统初始化 ········· 005
    三、发票录入 ········· 010
    四、发票管理 ········· 014
    五、认证发送 ········· 016
    六、认证反馈 ········· 018
    七、发票打印 ········· 019
    八、发票统计/快速查询 ········· 021
    九、评分 ········· 022
    十、模拟初始化 ········· 023
  第四节 发票录入逻辑校对原理 ········· 023

一、发票内容介绍 ·· 023
二、发票录入校对标准 ·· 026
三、发票扫描未通过的情况以及处理方式 ·· 026

第二章 网上认证业务(一) ··· 028
  第一节 模拟企业经营范围介绍 ··· 028
  第二节 认证业务介绍 ·· 028
    一、业务说明 ·· 028
    二、操作说明 ·· 030
  第三节 认证结果报告 ·· 030
    一、专用发票认证结果报告 ·· 030
    二、货物运输业增值税专用发票认证结果报告 ·· 031

第三章 网上认证业务(二) ··· 033
    一、实训案例(一) ·· 033
    二、实训案例(二) ·· 033
    三、实训案例(三) ·· 033

附录1 ·· 034
附录2 ·· 039
附录3 ·· 047
附录4 ·· 049
附录5 ·· 050
附录6 ·· 053
附录7 ·· 055
附录8 ·· 056
附录9 ·· 085
附录10 ·· 090
附录11 ·· 100

第一章　增值税发票网上认证系统

第一节　增值税发票认证的发展历程

一、认证系统发展背景

1994年,我国的工商税收制度进行了重大改革,这次税制改革的核心内容是建立以增值税为主体的流转税制度。增值税从税制本身来看,易于公平税负,便于征收管理。但新税制出台以后,由于税务机关当时还比较缺乏对纳税人使用增值税专用发票进行监控的有效手段,一些不法分子就趁此机会利用伪造、倒卖、盗窃、虚开增值税专用发票等手段进行偷、逃、骗国家税款的违法犯罪活动,有的还相当猖獗,严重干扰了国家的税收秩序和经济秩序。对此,国家除了进一步集中社会各方面力量,加强管理,开展打击伪造、倒卖、盗窃发票等违法犯罪行为的专项斗争,坚决维护新税制的正常运行外,还决定引入现代化技术手段加强对增值税的监控管理。

1994年2月1日,时任国务院副总理的朱镕基同志在听取了电子部(现为信息产业部)、航天工业总公司、财政部、国家税务总局等单位的汇报后,指示要尽快实施以加强增值税管理为主要目标的"金税"工程。为了组织实施这项工程,成立了跨部门的国家税控系统建设协调领导小组,下设"金税"工程办公室,具体负责组织、协调系统建设工作。1994年3月底,"金税"工程试点工作正式启动。

"金税"工程由一个网络、四个子系统构成基本框架。一个网络,就是指从国家税务总局到省、地、市、县四级统一的计算机主干网;四个系统,就是指覆盖全国增值税一般纳税人的增值税防伪税控开票子系统、覆盖全国税务系统的防伪税控认证子系统、增值税交叉稽核子系统和发票协查信息管理子系统。

税法规定,纳税人购进货物或接受应税劳务支付或者负担的增值税额,为进项税额。在开具增值税专用发票的情况下,它们之间的对应关系是:销售方收取的销项税额,就是购买方支付的进项税额。对于一个一般纳税人而言,由于其在经营活动中,既会发生销售货物或提供应税劳务,又会发生购进货物或接受应税劳务,因此,增值税的核心就是用纳税人收取的销项税额抵扣其支付的进项税额,其余额就是纳税人实际要缴纳的增值税额。进项税额作为可抵扣的部分,对于纳税人产生举足轻重的作用。

二、认证系统的作用

(1) 能有效防止假发票,只有确保供货方用真发票申报纳税,购货方才能抵扣税款。
(2) 提高对假发票和未申报纳税发票的查处力度,提高企业信用等级和商誉。
(3) 购货方对供货方信用有疑问,可以在进项发票通过认证和交叉稽核之后再付款。

（4）能够充分保证企业端和税局端认证数据的一致性，避免了企业丢失发票的现象，实现企业数据和税局认证数据的双向实时比对，保障两者的一致性。

三、目前企业认证的一般方法

（1）上门认证。上门认证是指一般纳税人携带专用发票抵扣联等，到税务机关申报征收窗口或者自助认证设备上进行认证的方式。

（2）网上远程认证。网上远程认证是指一般纳税人自行完成专用发票抵扣联扫描、识别，并将扫描识别数据通过网络传输到税务机关，由税务机关完成解密和认证，并将认证结果信息返回纳税人的认证方式。

四、两种认证方法的优缺点

传统方式的上门认证主要服务于发票业务量少的企业，主要操作模式是一般纳税人携带专用发票抵扣联等资料，到税务机关认证窗口扫描进行认证，主要缺点如下：

（1）发票易丢失。

（2）实时性不高。纳税人必须在工作日到税务机关认证。

（3）效率不高。因为到税务机关认证企业很多，须排队等候，这样会造成时间的浪费，成本高。

网上认证系统是税务信息化发展的必然结果，纳税人可以不受时间限制，足不出户认证发票，而且操作方便，能解决企业发票易丢失、效率不高、成本高等诸多问题，可集中认证、降低成本、优化服务、树立企业形象，智能审核、科学评估、杜绝人情，树立税务机关公平执法的形象。网上认证已经成为企业发票认证的主要方式。

第二节　网上认证系统介绍

一、网上认证系统的定义

网上认证是指纳税人通过扫描识别或手工录入的方式将发票抵扣联票面的发票代码、发票号码、购货方纳税人识别号、销货方纳税人识别号、开票日期、金额、税额及密文区（84位、108位二维码）等信息，采集并转换为电子信息，在确保数据安全传输的前提下，将电子信息通过网络传输给国税局的网上认证服务器，经防伪税控认证子系统解密比对后，生成认证结果，再将认证结果回传给纳税人的一种认证方法。

二、网上认证系统的流程

网上认证流程图见图1-2-1。

网上认证具体过程表述如下：

（1）首先，纳税人利用扫描仪将发票扫描进网上认证系统，将发票抵扣联上的主要信息采集并转化为电子信息。

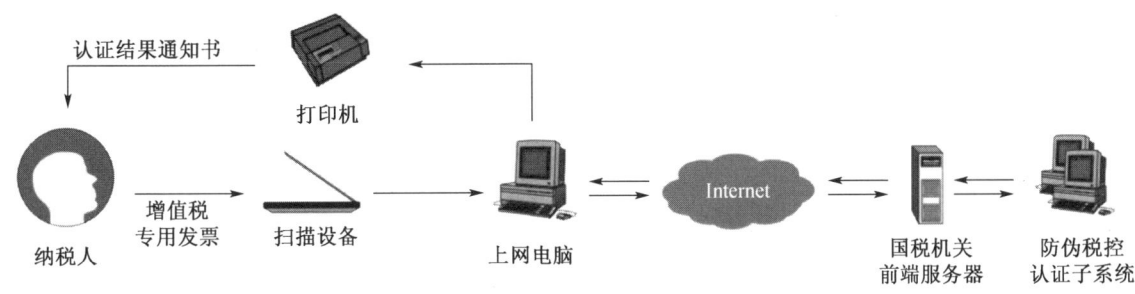

图 1-2-1　网上认证流程图

（2）纳税人检索出需要传输认证的发票电子信息，将发票电子信息加密后，通过互联网传到国税局的认证服务器。

（3）网上认证服务器接收到发票电子信息后解密，转发给防伪税控认证子系统，由防伪税控认证子系统对该发票识伪认证。

（4）防伪税控认证子系统将 84 位、108 位密文或二维码解密还原为明文，并将其与票面明文比对，产生并记录认证结果，回传给网上认证服务器。

（5）网上认证服务器将认证结果回传给网上认证系统，系统接收并显示该结果，同时将该条认证记录存入数据库中备查。

（6）每一张认证发票的电子信息和认证结果，在国税局端和纳税人端都会留有记录和日志。纳税人可以通过互联网从国税局的网上认证服务器上下载并打印认证结果清单，认证结果清单上附加有专用印章和电子签名密码，作为核对依据。

三、网上认证系统设备组成

从以上流程可以看出，网上认证系统的设备组成包括：一台可以上网的电脑、一台扫描仪和一台打印机。

电脑的配置要求为：处理器 PⅡ400 以上的配置，内存和硬盘须在 128M 和 1G 以上。建议使用 WindowsXP 系统。通过拨号、DDN、网通、宽带等直接连接互联网或通过局域网连接互联网。

扫描仪的功能是将抵扣发票信息数据输入到认证软件中的输入设备。扫描仪将发票扫描成图片，然后以票面为依据将其转换成明文数据信息。推荐使用最佳的扫描仪影源 E1000（认证专用扫描仪）。

 ## 第三节　网上认证系统应用

一、网上认证系统登录

网上认证系统登录的具体步骤如下：

（1）双击桌面上 快捷方式，启动税务实训平台（见图 1-3-1）。

图 1-3-1　启动税务实训平台

（2）输入学校编码、学生账号，默认密码为 123456，点击【登录】。

图 1-3-2　进入系统（一）

选择【增值税】,点击【增值税发票网上认证实训系统】,进入系统(见图1-3-2和图1-3-3)。

图1-3-3　进入系统(二)

二、系统初始化

(一) 参数设置

1. 扫描设置

本参数中包括"扫描仪设置""增值税发票扫描设置"和"运输发票扫描设置"(见图1-3-4、图1-3-5和图1-3-6)。

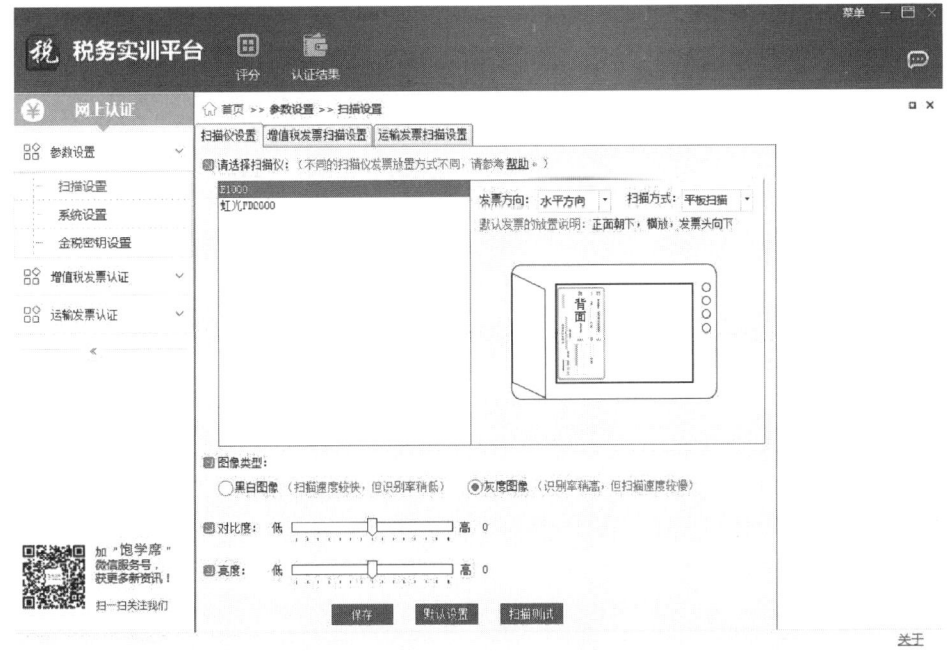

图1-3-4　扫描仪设置

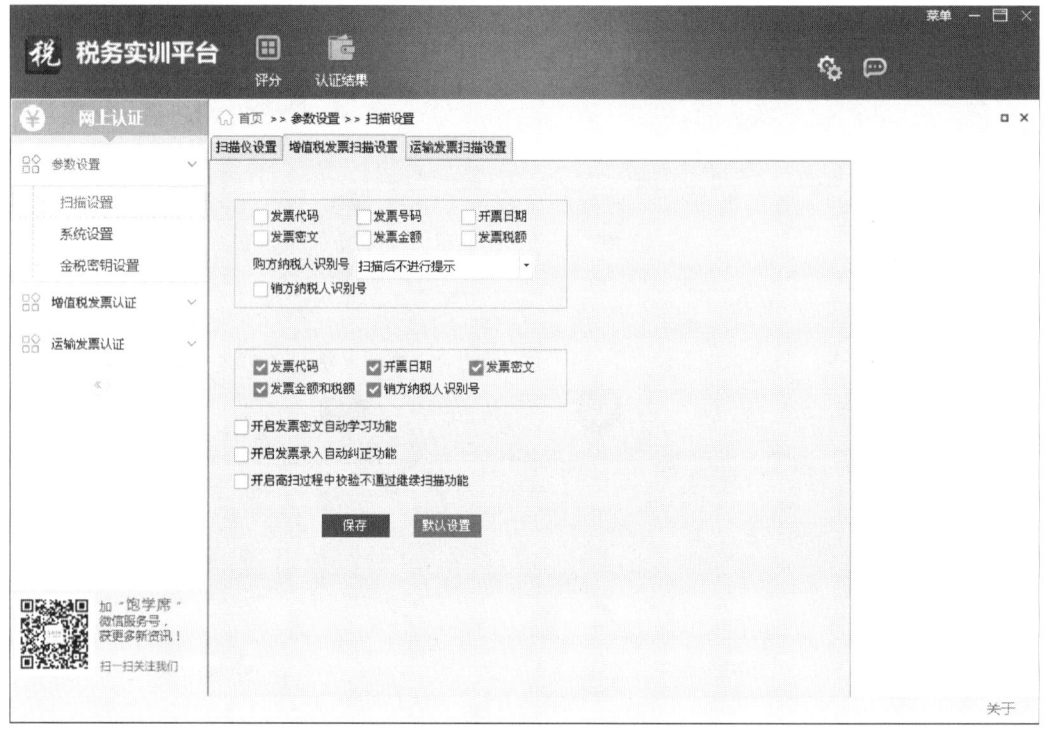

图 1-3-5　增值税发票扫描仪设置

1）扫描仪设置

(1) 选择"参数设置＞＞扫描设置",选择"扫描仪设置"标签。选中与计算机连接的扫描仪型号,设置发票方向和扫描方式。发票的放置方向分为水平和垂直,扫描方式则有平板扫描和高速扫描两种。本实训平台支持的扫描仪影源 E1000,平板扫描仪设置发票方向为"水平方向",扫描方式为"平板扫描"。

(2) 图像类型有黑白图像和灰度图像两种,两种类型在扫描速度和识别率上各有利弊,请根据实际需要来选择。

(3) 对比度、亮度。不同的扫描仪,系统均有默认设置,适用于一般情况,如果有特殊要求可根据实际情况进行修改。

(4) 设置的扫描仪参数是否合适,通过单击【扫描测试】可以查看效果。保存设置参数,单击【保存】;若需要恢复扫描仪的默认设置,单击【默认设置】。

2）增值税发票扫描设置

增值税发票的发票扫描识别等参数,一般情况下不用特别设置,只需使用默认设置。当发现默认设置的参数有误时,可以单击【默认设置】恢复。

(1) 选择"参数设置＞＞扫描设置",选择"增值税发票扫描设置"标签。

(2) 疑问提示:发票扫描识别。

- 选中要提示的选项,如选中【发票号码】【发票金额】两项,当扫描发票号码或发票金额的置信度(置信度:识别每个字符的准确率)低于系统默认的置信度时,系统会出现提示。
- 购方纳税人识别号选项,扫描后不进行提示。扫描后进行提示,智能填写后不进行提示和扫描结果智能比对后进行提示。

(3) 疑问提示:发票逻辑校验。

- 发票代码:选择本项,系统对发票中的"发票代码"项逻辑校验出错时(如:发票代码与销方识别号的前面两位应该绝对相同,如果不一致,可能出错;发票代码第 10 位,如果不是 0,则有可能出错等),会进行疑问提示。
- 开票日期:选择本项,系统对发票中的"开票日期"项逻辑校验出错时(如:根据当前系统时间以及最大认证时间来校验),会进行疑问提示。
- 发票的金额和税额:选择本项时,系统对发票中的"金额"和"税额"栏进行逻辑校验,如果校验出错,会进行疑问提示。
- 销方纳税人识别号:选择本项时,系统对发票中的"销方纳税人识别号"项进行逻辑校验(校验销方纳税人识别号的最后1位和前6位是否符合规范),如果校验出错,会进行疑问提示。
- 发票密文:选择本项时,系统对发票中的"密文"项进行逻辑校验(把扫描出的购方纳税人识别号和销方纳税人识别号的密文与认证通过的发票的密文进行校验),如果校验出错,会进行疑问提示。

3)运输发票扫描设置

运输发票的发票扫描识别等参数,一般情况下不用特别设置,使用默认设置。当发现设置的参数有误时,可以单击【默认设置】恢复。

图1-3-6 运输发票扫描设置

2. 系统设置

设置发票录入风格和电子印章。当发现设置的参数有误时,可以单击【默认设置】恢复。

(1)选择"参数设置>>系统设置",见图1-3-7。

(2)录入风格:发票录入提供经典和快速两种风格,默认为经典录入风格。经典录入风格可以选择扫描录入或是手工录入;快速录入风格只有扫描录入。

(3)电子印章:录入默认税务局名称。

3. 金税密钥的设置

在实务中,设置金税密钥文件的纳税人需持U盘到当地主管税务机关拷贝密钥文件,设置到系统里,本实训软件可以通过电脑自带的文件设置,如设置不成功,系统将会提示不能发送数据。

(1) 选择"参数设置>>金税密钥设置",见图1-3-8。

图1-3-7 系统设置

图1-3-8 金税密钥设置(一)

(2) 单击【浏览】，如图 1-3-9 所示，选择密钥文件，单击【打开】。金税密钥文件扩展名为.dat。

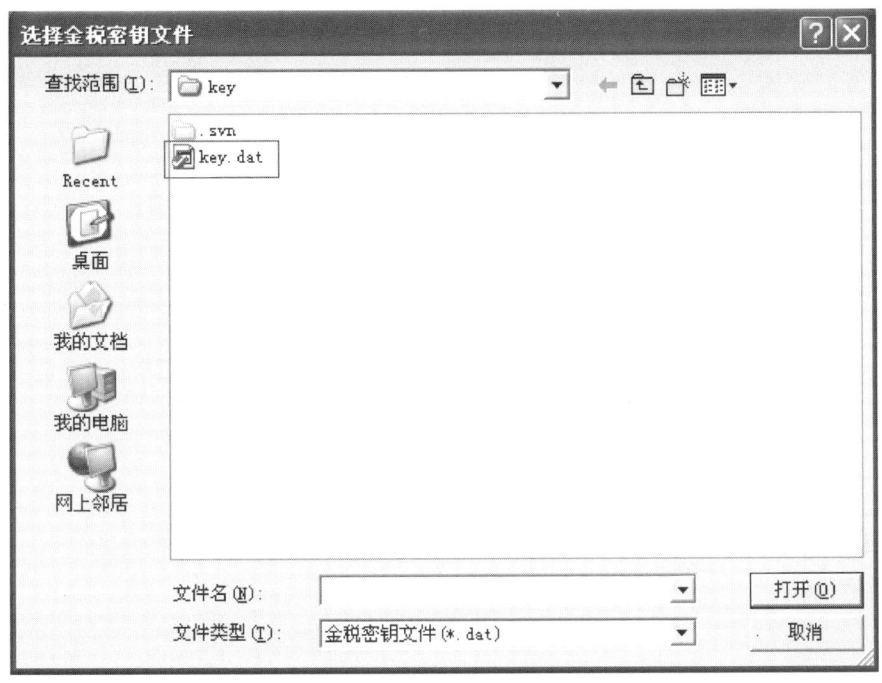

图 1-3-9　金税密钥设置（二）

(3) 选择后点击【确定】即可，见图 1-3-10。

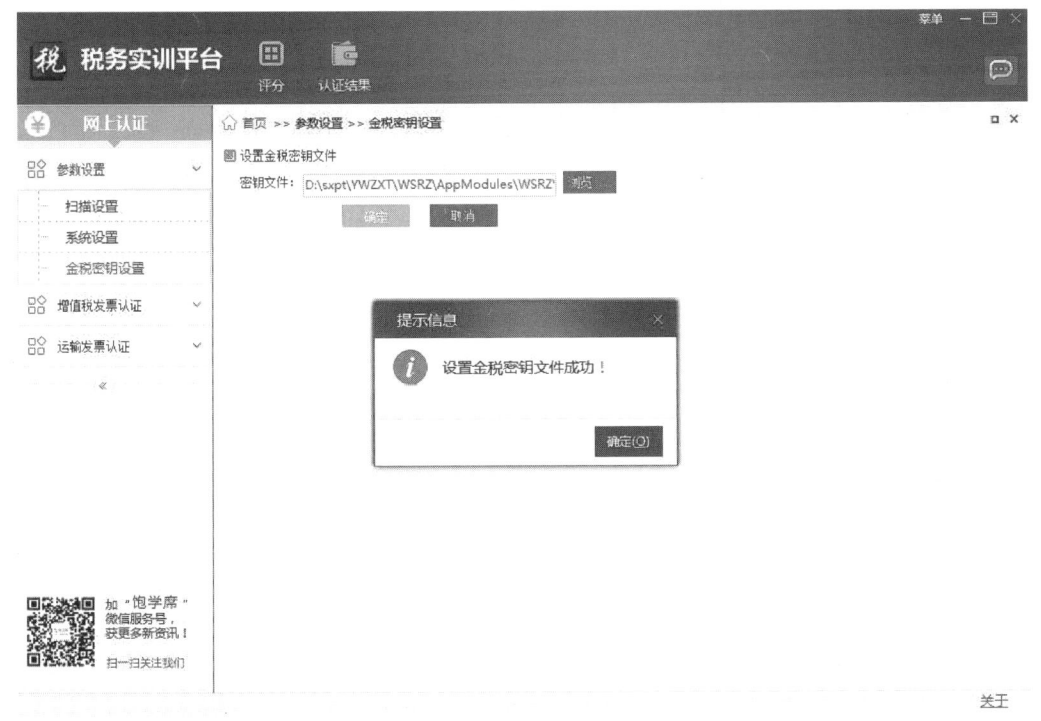

图 1-3-10　金税密钥设置（三）

（二）当前认证期设置

发票认证期限为自开票之日起 180 天内，即自开票之日起 180 天内要进行认证抵扣。本实训教材的当前认证日期需要设置为 2015 年 3 月,见图 1-3-11。

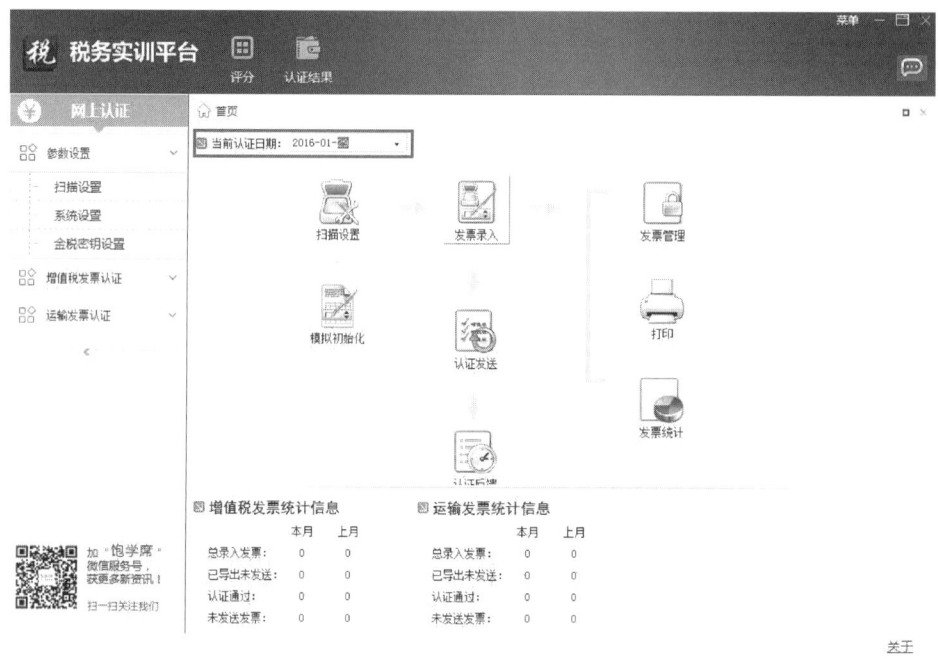

图 1-3-11　当前认证期设置

三、发票录入

发票录入有经典和快速两种风格,不同的录入风格,显示的界面也不同。发票录入风格在系统设置中选择;经典录入风格可以选择扫描录入或是手工录入;快速录入风格只有扫描录入。

选择【首页】【发票录入】【增值税专用发票/运输发票】,见图 1-3-12。

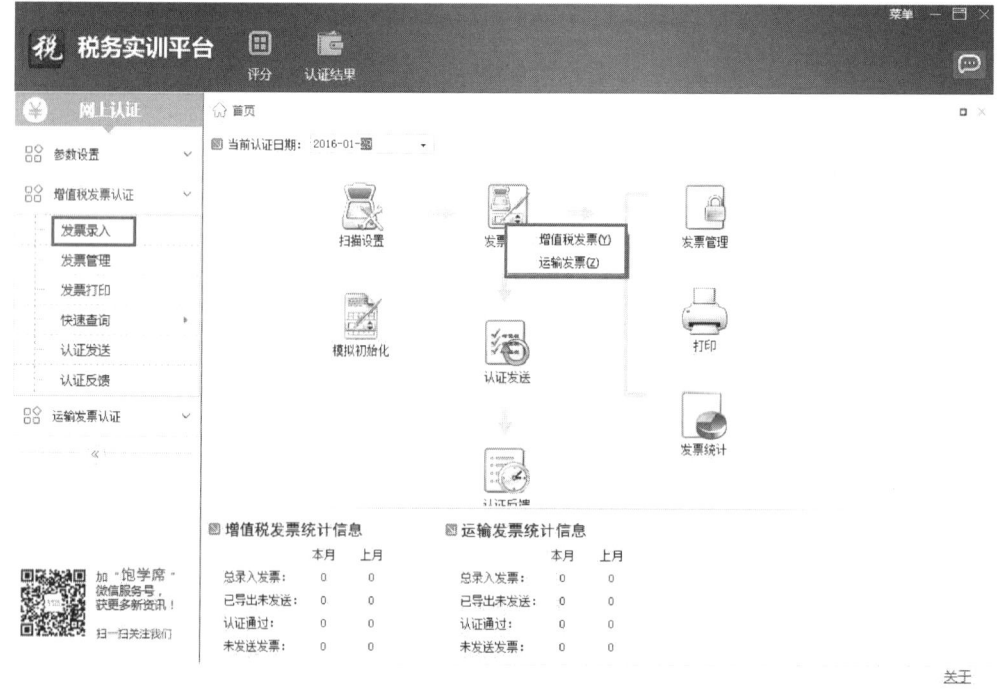

图 1-3-12　发票录入

1）经典录入风格

1. 扫描录入

(1) 扫描仪中放入发票,单击【扫描】,扫描后的发票自动保存,并列出发票信息,见图1-3-13和图1-3-14。

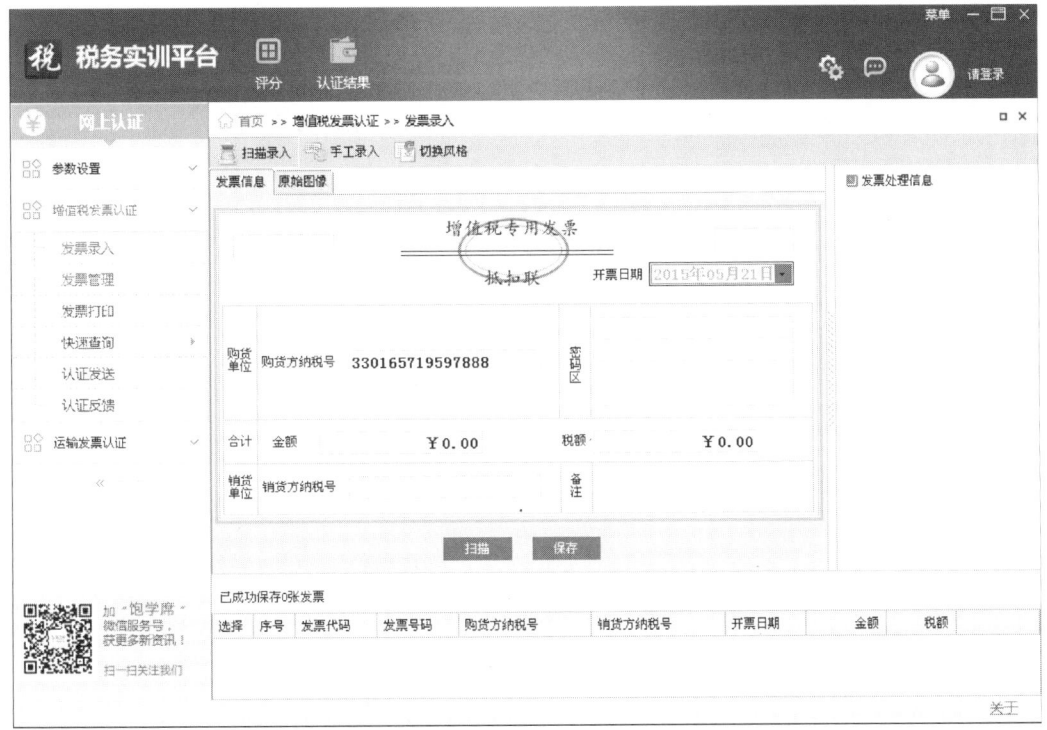

图 1-3-13　扫描录入（一）

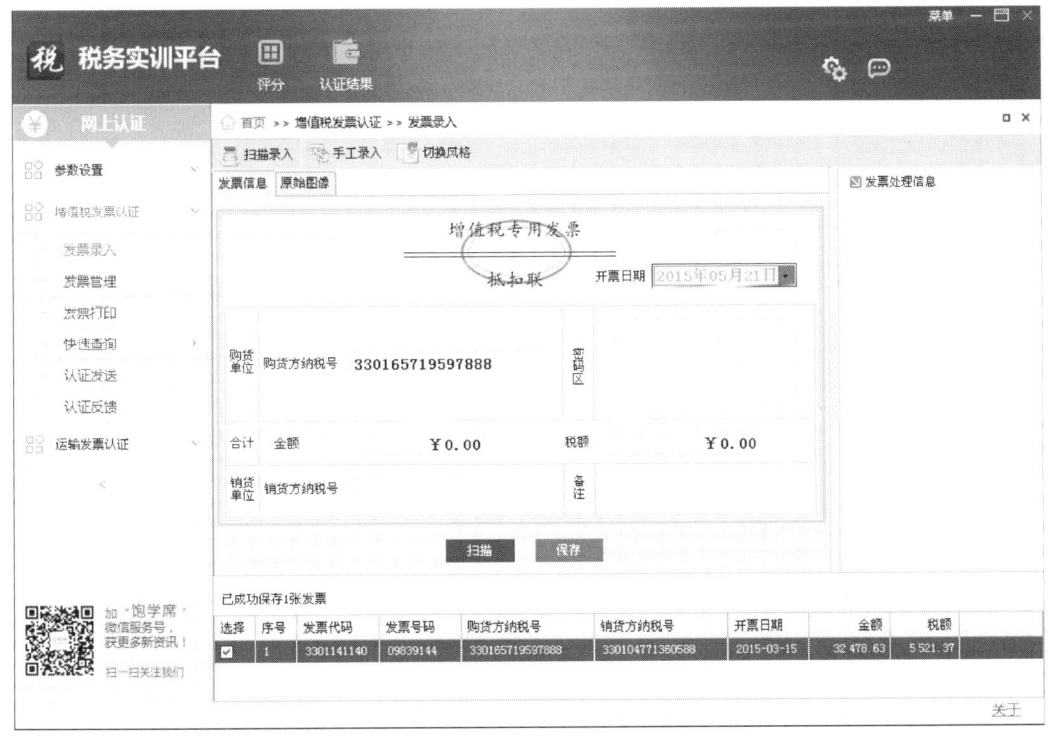

图 1-3-14　扫描录入（二）

（2）如果某张发票在扫描过程中被发现有误，将停止扫描，并将当前发票可能有误的地方列在"发票处理信息"中。双击"错误信息"可以定位到错误点，如显示"开票日期有误"，双击后定位到该项，同时显示发票上开票日期的原始图像，方便进行比对，见图1-3-15。

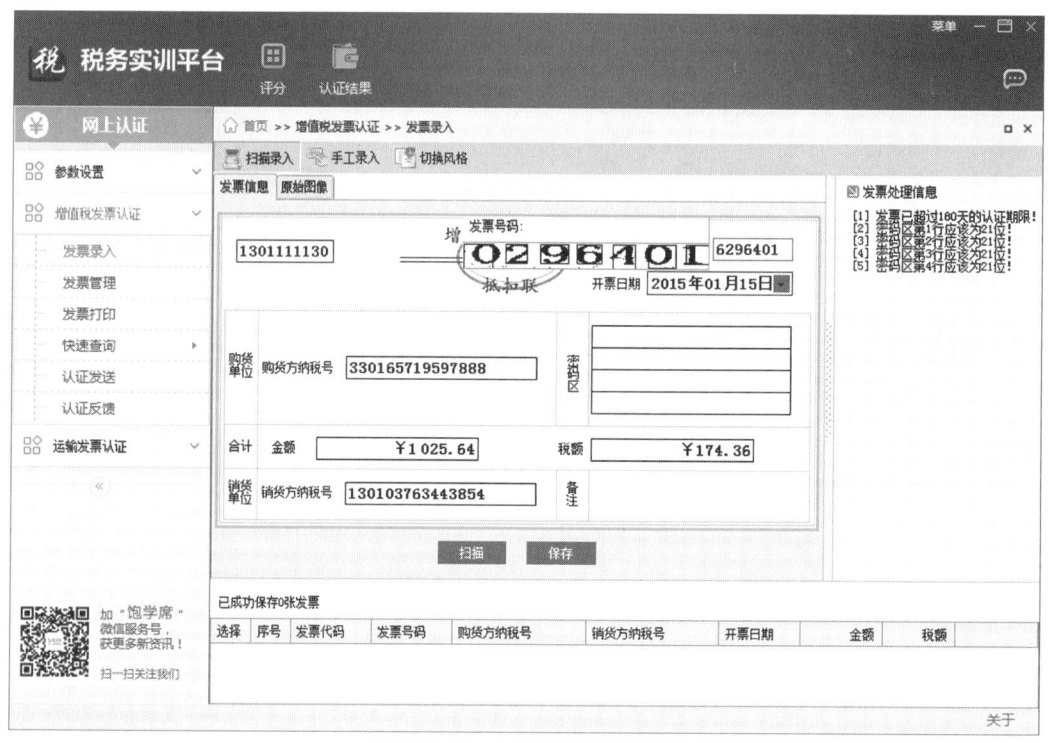

图 1-3-15　扫描录入（三）

（3）选择"原始图像"标签，可以看到整张扫描发票的原始票样，见图1-3-16。

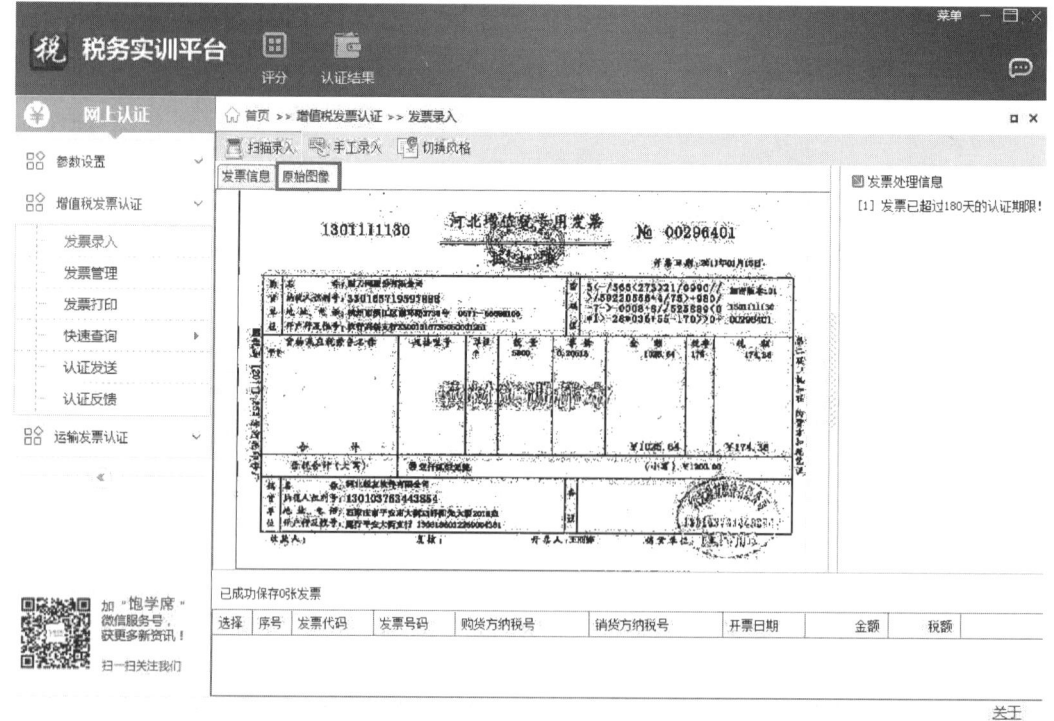

图 1-3-16　扫描录入（四）

2. 手工录入

（1）逐项录入发票上的信息，确认无误后单击【保存】。

（2）保存时检查发票可能有误的地方，具体结果显示在右边的"发票处理信息"。双击"错误信息"可以定位到错误点，如显示"销货方纳税号有误"，双击后就定位到该项，同时显示发票上销货方纳税人识别号的原始图像，方便进行比对。

2）快速录入风格

扫描录入

（1）扫描仪中放入发票，单击【扫描录入】，扫描后的发票自动保存，并列出发票信息，见图1-3-17。

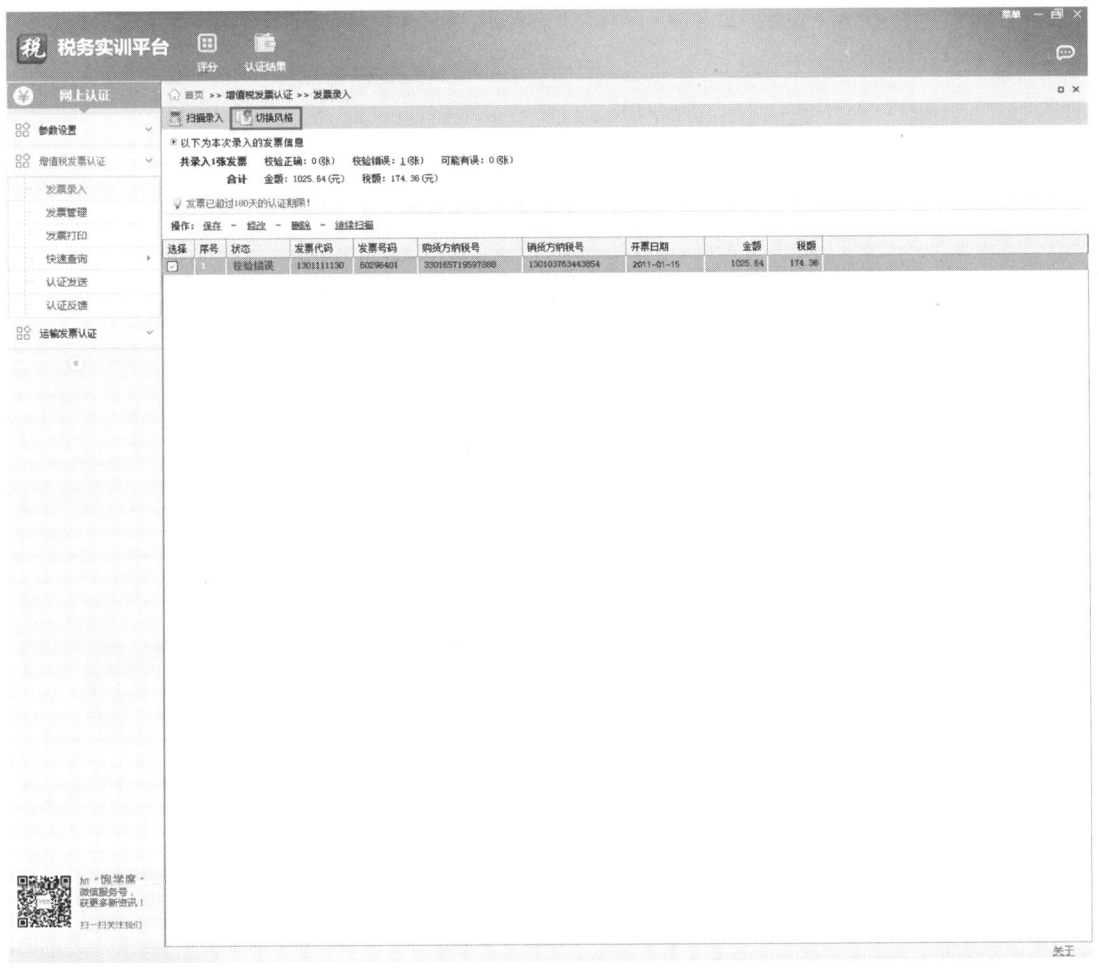

图 1-3-17　发票信息

（2）如果某张发票在扫描过程中被发现有误，将停止扫描，并提示发票可能有误的地方。如发票中多项数据有误即显示："发票多项数据校验错误，具体信息请双击发票查看！"，双击发票，具体错误地方将突出显示。

（3）选中一张或多张发票，单击【删除】，可删除所选发票。

（4）选中发票，单击【修改】，上方显示发票原始图像，下方显示扫描识别后的发票数据。在下方选中"发票号码"，上方将同步显示发票号码的原始图像。若发票内容有误，将在数据项旁以小图标突出显示，见图1-3-18。

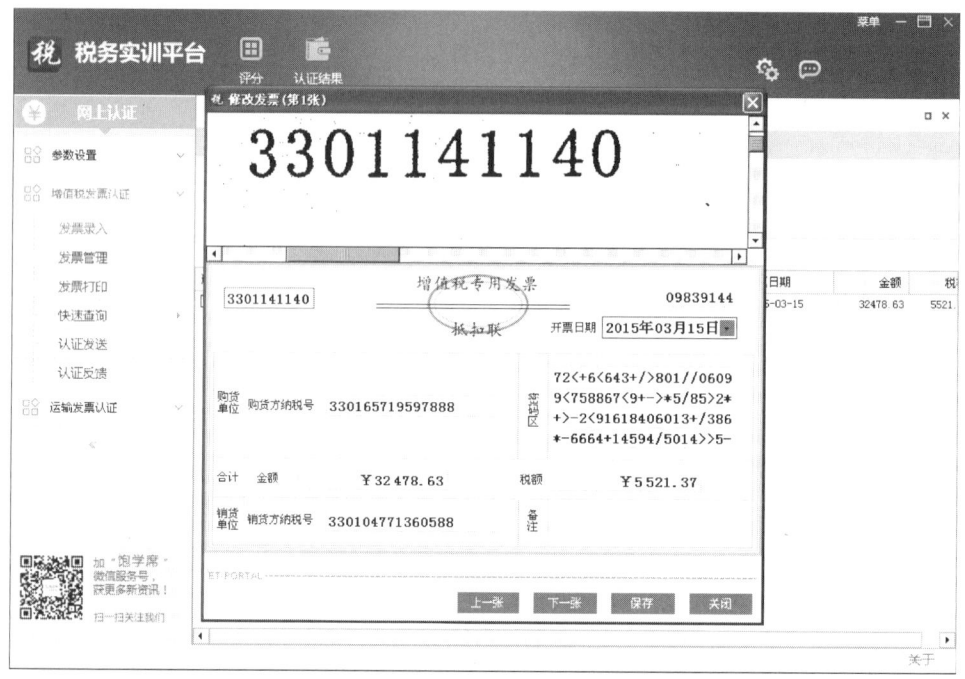

图 1-3-18　修改发票

四、发票管理

发票管理包括以下功能：查询、修改、删除、导入。

（1）选择"发票管理＞＞增值税专用发票/运输发票"，显示发票统计信息及发票清单。发票的统计信息包括各种发票张数、发票总金额和总税额。发票统计信息中显示"未认证发票：2（张）"，单击数字"2"列出所有未认证发票，见图 1-3-19。

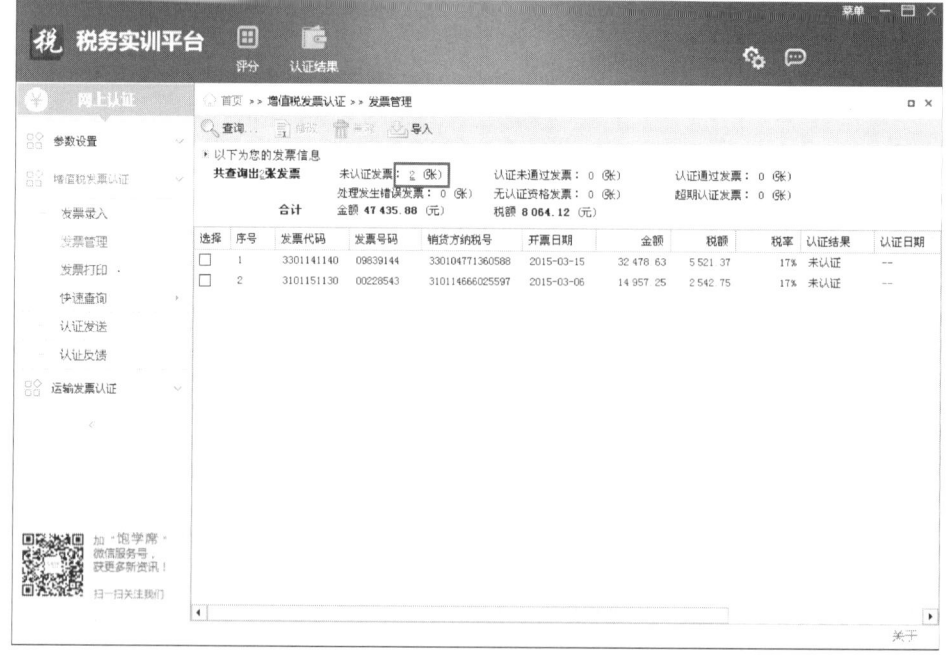

图 1-3-19　发票统计信息

（2）查询。除发票代码、发票号码、销货方纳税号这三个基本条件之外，还包括多项高级查询条件。如图1-3-20所示，通过单击右侧双箭头，打开高级查询条件，单击双箭头关闭查询条件，见图1-3-20。

图1-3-20　查询

① 认证日期：选择按认证日期查询发票，可以是具体某一天或是某一段时间内认证的发票，设置时在查询条件前面的小方框中打勾。

② 录入日期：按录入时间查询发票，可以是具体某一天或是某一段时间内认证的发票，设置方法同认证日期的设置。

③ 开票日期：按开票日期查询发票，设置方法同认证日期的设置。

④ 认证结果：选择按未认证、自动通过、校验通过等不同类型的认证结果查询发票。

⑤ 发票税额：查询税额在某个范围之内的发票，如设置300到1 000。

⑥ 发票金额：查询发票金额在某个范围之内的发票。

⑦ 税率：选择某一个税率，对同一税率的发票进行查询。

（3）修改。在发票管理列表中选中要修改的发票，单击【修改】，见图1-3-21。修改录入不正确的发票数据，单击【保存】，以下两种情况的发票可供修改，其余状态的发票不允许修改。

① 发票已录入，还没进行认证发送。

② 认证结果未通过的发票。

（4）删除。在发票管理列表中选中要删除的发票，单击【删除】，以下两种情况的发票可被删除。

① 发票已录入，还没进行认证发送。

② 认证未通过的发票。

（5）导入。导入包括导入认证结果、导入查询结果或者导入待认证的数据。单击【导入】，选择导入文件。导入的格式有 xml、zip、dat 三种文件格式,符合总局规范。

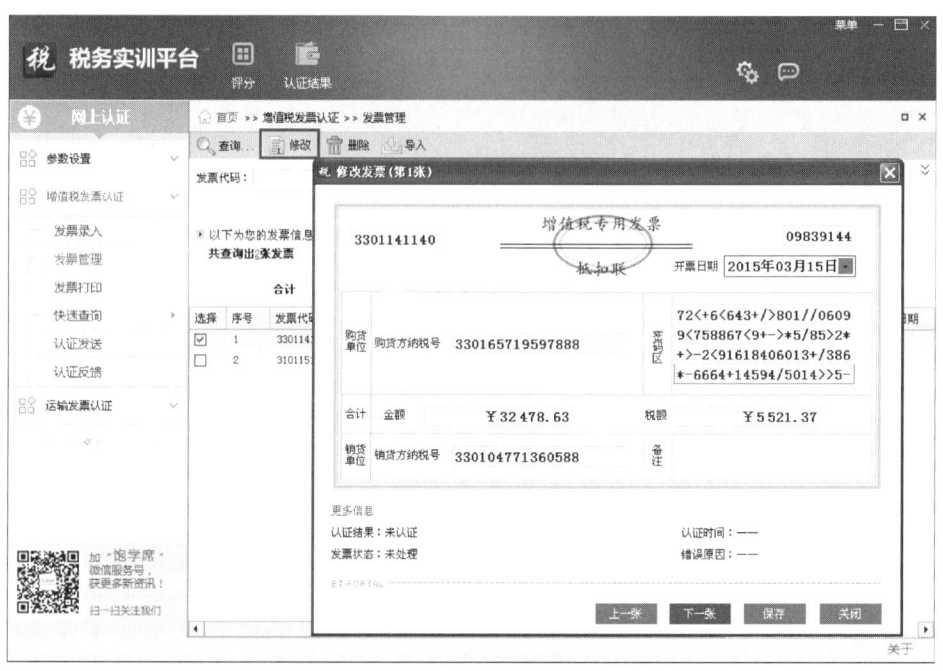

图 1-3-21 发票修改

五、认证发送

通过网络,将已录入或扫描的发票有选择地发送到主管税务机关,进行防伪认证。

(1)选择"认证发送>>增值税发票/运输发票"。默认列出所有已录入或扫描,但尚未认证的发票,见图 1-3-22 和图 1-3-23。

图 1-3-22 认证发送(一)

图1-3-23　认证发送(二)

(2) 设置筛选条件,以确定发送哪些发票进行认证。单击【筛选条件】,设置条件,确认后单击【过滤】,见图1-3-24。

图1-3-24　设置筛选条件

① 需要重新发送认证未通过的发票,请选中"包含认证未通过的"选项。

② 需要重新发送以前已发送过,但到目前为止还无反馈的所有发票,请选中"包含全部已发送还无反馈的"选项。

③ 需要重新发送本月已发送过,但还无反馈的发票,请选中"包含本月已发送还无反馈的"选项。

④ 需要重新发送已导出保存成文件的发票,请选中"包含已经导出的"选项。

⑤ 需要重新发送错误的发票,请选中"包含处理发生错误的"选项。

(3) 列出符合筛选条件的发票,单击【认证发送】,按钮上方显示了本次发送的发票张数及发票总金额和总税额,见图1-3-25。

图1-3-25　筛选结果

六、认证反馈

通过网络,从主管税务机关获取认证的结果。

(1) 选择"认证反馈>>增值税发票/运输发票",见图1-3-26。

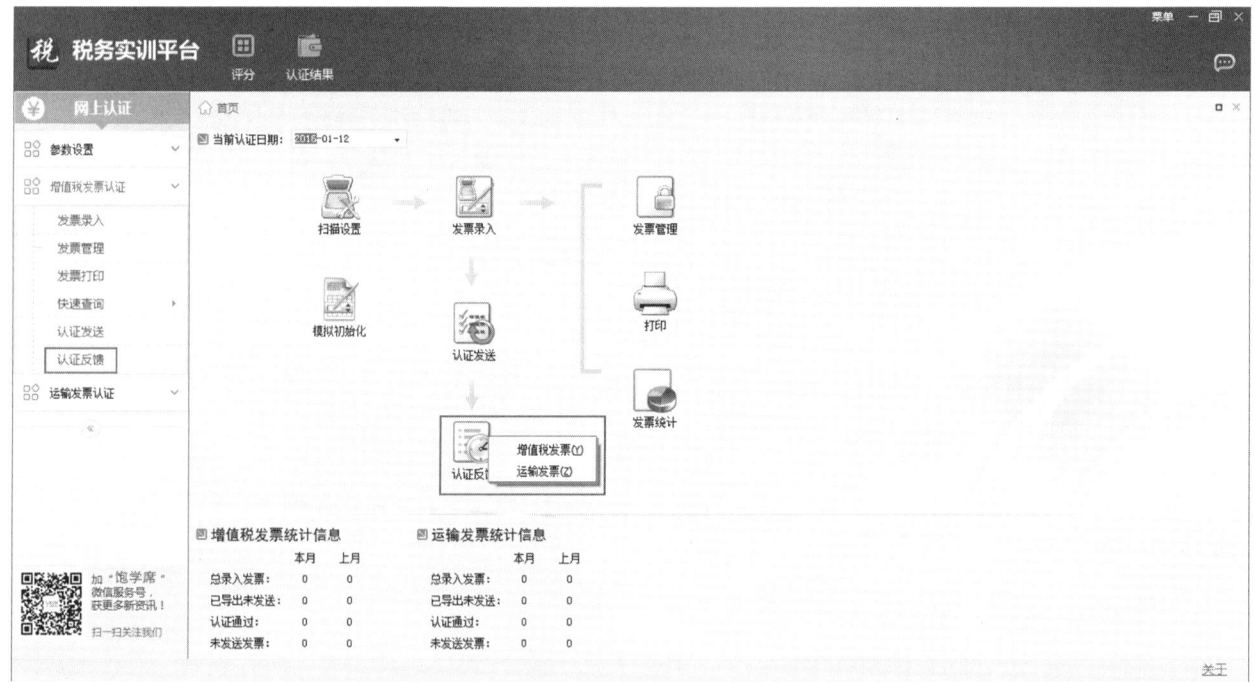

图1-3-26　认证反馈(一)

(2) 设置反馈条件。可设置成获取最新的或设置按时间段获取反馈信息,默认选项"获取最新的反馈信息",见图1-3-27。

图 1-3-27　认证反馈(二)

(3) 单击【反馈查询】,根据设置的反馈条件显示获取到的认证反馈信息,见图 1-3-28。

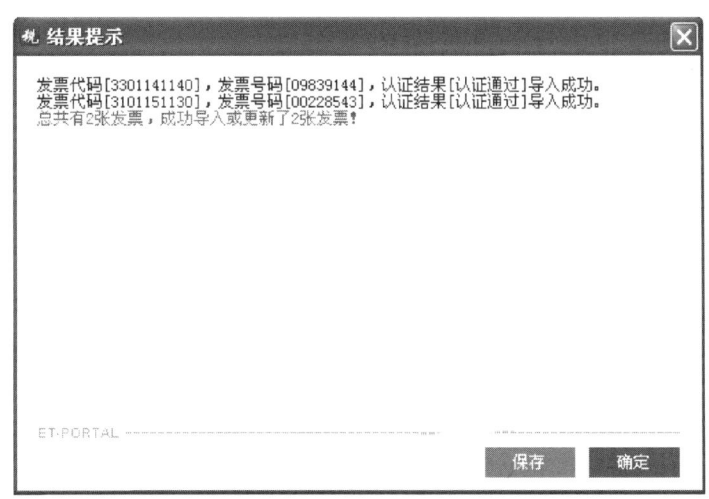

图 1-3-28　反馈结果

七、发票打印

打印某一个月或某段时期的认证结果和认证结果通知书,要修改为与之前"当期认证时间"一致的月份。

(1) 选择"发票打印>>增值税发票/运输发票",进入发票打印页面,见图 1-3-29。

(2) 选择打印内容:认证结果和认证结果通知书。

(3) 设置所属时间:可设置成某月或设置某段时期的起止时间。

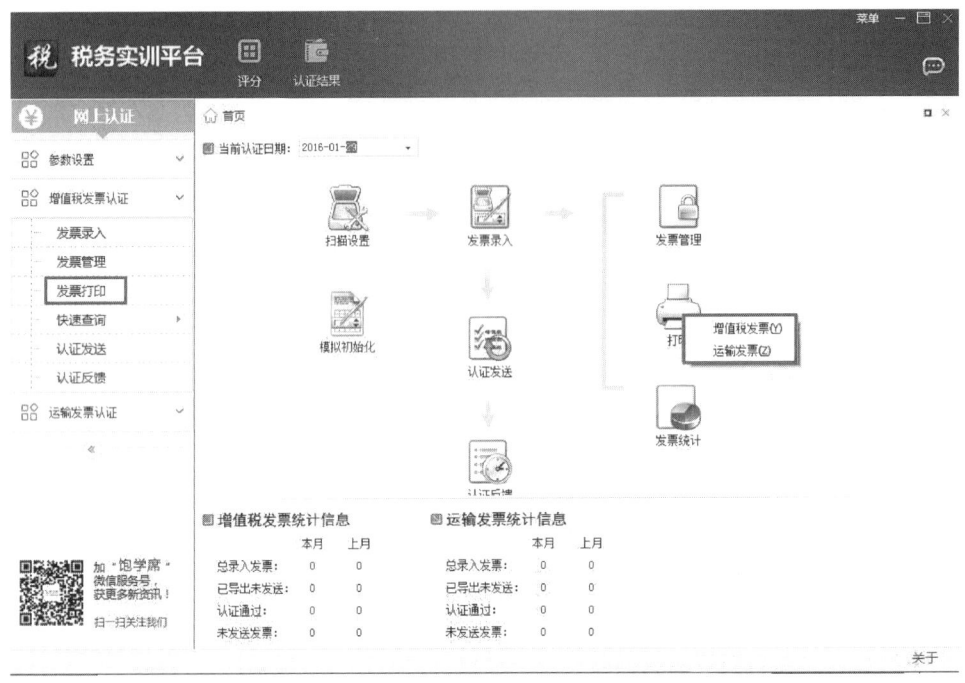

图 1-3-29　发票打印

（4）单击【打印预览】，只是预览打印内容，单击【打印】，才开始正式打印。

例如，打印内容选择"认证结果通知书"，所属时间默认显示本月（假设为 2015-03），单击【打印预览】后单击【打印】，正式打印出预览时所见的书面通知书。详见图 1-3-30 至图 1-3-32。

图 1-3-30　认证结果清单

图 1-3-31　设置名称

图 1-3-32　认证结果通知书

八、发票统计/快速查询

1. 未认证发票

用户登录系统后可使用本功能修改自己的用户密码。

（1）选择"快速查询＞＞增值税发票/运输发票＞＞未认证发票"。

（2）选择查询发票的起止日期，单击【查询】。

（3）单击【打印预览】，预览打印内容。单击【打印】，正式打印查询出来的发票清单。打印预览和正式打印前都需要设置打印报表的标题，不录入标题的情况下默认显示"查询结果清单"。

2. 已认证发票

本功能查询某段时期内已认证的发票，并打印认证结果查询清单。

（1）选择"增值税发票认证＞＞快速查询＞＞已认证发票"。

（2）选择查询发票的起止日期，单击【查询】。

（3）单击【打印预览】，预览打印内容。单击【打印】，正式打印查询出来的发票清单。打印预览和正式打印前都需要设置打印报表的标题，不录入标题的情况下默认显示"查询结果清单"，见图 1-3-33。

3. 认证异常发票

（1）选择"增值税发票认证＞＞快速查询＞＞认证异常发票"。

（2）选择查询发票的起止日期，单击【查询】。

（3）上方显示认证文件，这些文件中都包含认证异常发票。选中某文件，下方列出该文件中认证异常发票的清单。

图 1-3-33 已认证发票查询

九、评分

一个完整的网上认证教学案例做完后,通过"评分"可以评价本次实训的成绩,评分时必须选择正确的教案,否则不得分,见图 1-3-34。

图 1-3-34 评分

十、模拟初始化

本功能主要为了教学使用。当完成一个班级的实践操作后,点击"模拟初始化",清除之前所有录入的发票信息,见图 1-3-35 和图 1-3-36。

图 1-3-35 模拟初始化

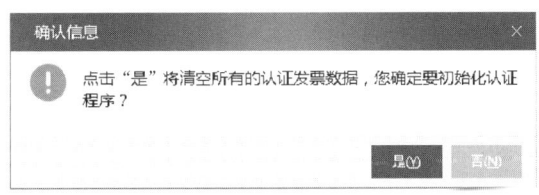

图 1-3-36 清空发票信息

第四节 发票录入逻辑校对原理

一、发票内容介绍

1. 增值税专用发票内容介绍

(1) 发票代码。增值税专用发票 10 位代码,规则是第 1~4 位代表各地市(以上代码参见附件),第

5～6两位代表制版年度,第7位代表批次(分别用1,2,3,4…表示),第8位代表版本的语言文字(分别用1,2,3,4代表中文、中英文、藏汉文、维汉文),第9位代表发票联次(分别用4、7表示四联、七联),第10位代表发票的金额版本号(分别用1,2,3,4表示万元版、十万元版、百万元版、千万元版,用"0"表示电脑发票)。增值税专用发票样张见图1-4-1。

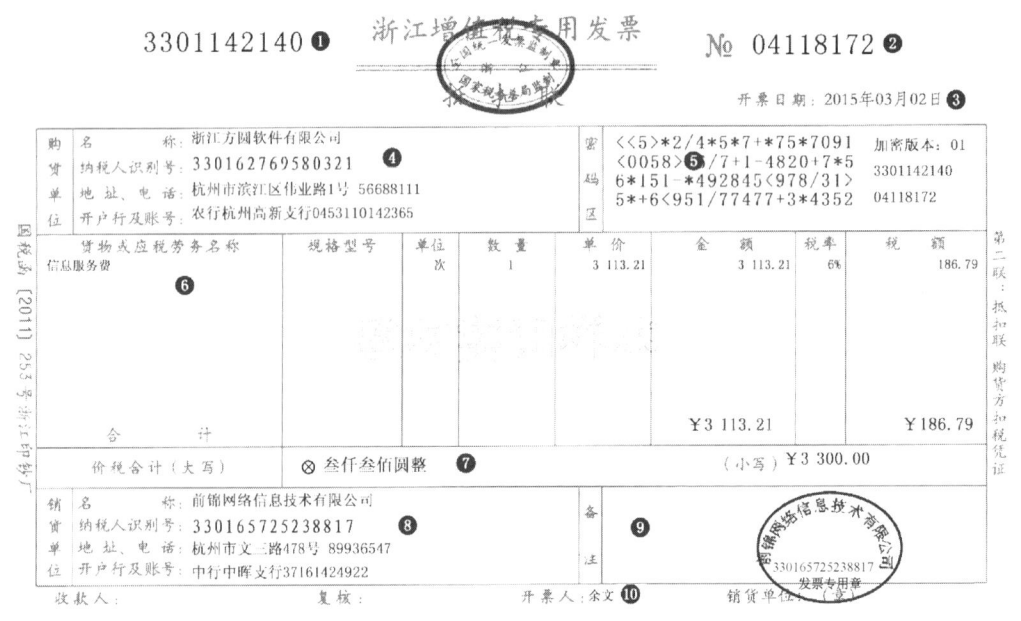

图1-4-1 增值税专用发票样张

(2) 发票号码。发票号码为8位,主管税务机关以给每个企业分配一段号码的方式进行编制。

(3) 开票日期。开票日期为开具发票的当日。

(4) 购货方(购货单位)。在主管税务机关注册的企业名称、纳税人识别号、地址电话和开户行及账号。

(5) 税控码。增值税专用发票的税控码是84位、108位或二维码,是一串包含了专用发票购货方纳税人识别号、销货单位纳税人识别号、金额(不含税)、税额、发票代码、发票号码、开票日期7项内容的密文,税务机关通过这串密文将其和发票上的明文比对。

(6) 品名、规格、数量、单价、金额、税额。填写计入销货单位销售的货物、应税劳务或者应税服务的品名、规格、数量、单价(不含税)、金额(不含税单价)、税额。

(7) 逻辑关系。逻辑关系式如下所示:

$$金额(不含税) = 含税金额 \div 1.17$$
$$税额 = 含税金额 \div 1.17 \times 0.17$$
$$单价 = 含税金额 \div 1.17 \div 数量$$

(8) 价税合计(大小写)。

(9) 销货方(销货单位)。在主管税务机关注册的企业名称、纳税人识别号、地址电话和开户行及账号。

(10) 备注。特殊事项的注明。

(11) 收款人、审核人、开票人、销货单位(章)。销货单位(章)使用在主管税务机关登记的发票专用章。

2. 货物运输业增值税专用发票

货物运输业增值税专用发票见图1-4-2。

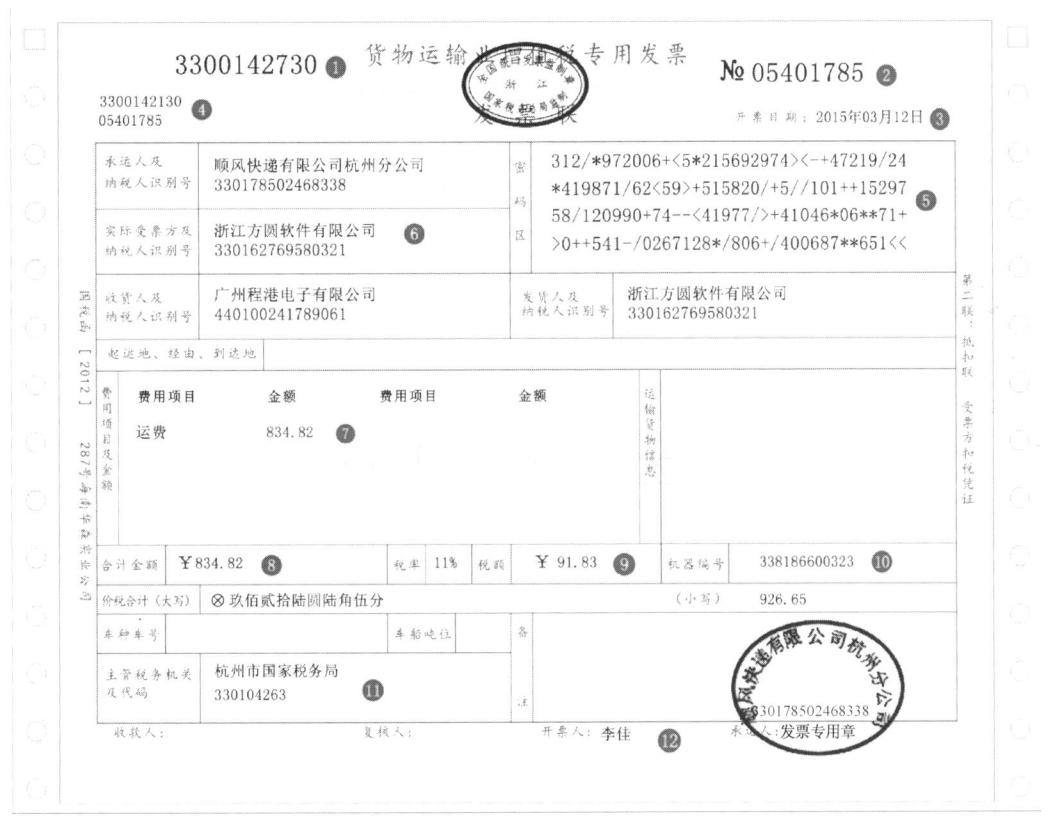

图1-4-2　货物运输业增值税专用发票

（1）发票代码。货物运输业增值税专用发票代码为10位阿拉伯数字。编码原则:第1～4位代表省、自治区、直辖市和计划单列市,第5～6位代表制版年度,第7位代表批次(分别用1,2,3,4表示四个季度),第8位代表票种(7代表货物运输业增值税专用发票),第9位代表发票联次(分别用3和6表示三联和六联),第10位代表发票金额版本号(目前统一用"0"表示电脑发票)。

（2）发票号码。发票号码为8位阿拉伯数字,按年度、分批次编制。

（3）开票日期。开票日期为发票开具的当日。

（4）机器代码、机器号码。机器代码和机器号码与发票上印制的发票代码和发票号码是一致的。

（5）税控码。"货物运输业增值税专用发票"的税控码为144位,票面打印4行,每行36位符号,"货物运输业增值税专用发票(代开)"的税控码为180位,票面打印为5行,每行36位符号。

税控码包含的信息为发票代码、发票号码、开票日期、承运人纳税人识别号、主管税务机关代码、收货人纳税人识别号或发货人纳税人识别号(即有"＋"号标记的一方代码)、代开单位代码(或代开税务机关代码)、金额、税额。其中,自开发票7个参数(不包括上述代开单位代码或代开税务机关代码、扣缴税额等两个参数),代开发票9个参数。

（6）发货人、收货人、实际受票人及承运人名称及纳税人识别号,在主管税务机关注册的企业名称、纳税人识别号。

（7）费用项目及金额。一是应税货物运输服务明细项目不含增值税的销售额,属于税务机关为小规模纳税人代开货物运输业增值税专用发票的,为应税货物运输服务明细项目含增值税的销售额;二是其他费用的名称和金额。

(8) 合计金额。费用项目及金额栏里的不含税销售额合计。

(9) 税额＝合计金额×11%。

(10) 机器编码号。货物运输业增值税专用发票税控系统税控盘编号。

(11) 主管税务机关及代码,为承运人的主管税务机关及代码。

(12) 承运人盖章和开票人。开具"货物运输业增值税专用发票"时应在发票联左下角加盖财务印章、发票专用章或代开发票专用章；抵扣联一律不加盖印章。

二、发票录入校对标准

发票"扫描录入"和"手工录入"系统有自动校对的功能,即校对发票录入内容和国家规定的是否一致,不一致的不予保存和认证。

(1) 发票代码10位,发票号码8位,购、销货双方识别号各15位；税控码区:(增值税专用发票)84位,4行,每行各21位；(货物运输业增值税专用发票)144位,4行,每行各36位。

(2) 发票代码和销方识别号的前面两位必须相同。

(3) 认证日期距开票日期不能大于180天。

(4) 货物运输业增值税专用发票上税控码、机打代码、机打号码、机器编码、金额、税额、合计(大写、小写)均由税控收款机自动生成。机打代码、机打号码与印刷的发票代码、发票号码相一致。

(5) 专用发票的扫描要素,为发票代码、发票号码、开票日期、购货方税号、销货方税号、金额(不含税)、税额税控码8要素。

(6) 货物运输业增值税专用发票扫描要素,为发票代码、发票号码、开票日期、机器编码、承运人识别号、受票人识别号、运费小计、主管税务机关代码和税控码共9个要素。

(7) 发票的金额和税额。选择本项时,系统对发票中的"金额"和"税额"栏进行逻辑校验,增值税专用发票中"税额＝金额×适用税率(如6%、17%)"。

三、发票扫描未通过的情况以及处理方式

只要发票扫描不符合前面校对标准的情况都不可以保存认证。在实际工作中,常见的问题如下所述。

1. 认证日期距开票日期已经超过180天

一般纳税人收到2010年1月1日以后开具的增值税发票,应在发票开具之日起180日内到税务机关办理认证,并在认证通过的次月申报期内,向主管税务机关申报抵扣进项税额。

系统对发票中的"开票日期"项逻辑校验出错时,会进行疑问提示:防伪进项发票已超过180天,请检查。说明这张发票的开票时间已经超过期限,不可以再认证,也不能扫描录入。

2. 重复认证

当发票号码已经存在时,再重复扫描,系统会提示:把数据写入数据库时发生异常,可能发票已经存在。这时应到"发票管理"中查询该发票是否已经存在,已存在的发票不可以扫描保存两次。

3. 发票代码、销货方纳税识别号不符

发票代码和销方识别号的前面两位应该绝对相同。如果扫描时出现前两位号码不相符的,系统将会提示:发票代码和销方识别号前两位不符。此时需判断是扫描错误还是发票开具错误,若是发票扫描错误,可以重新扫描或手工调整；若是发票本身错误,则需要联系销货方退回错误发票,重新开具正确发票。

4. 密文错误

每一张发票的密文区都不相同,包含票面7项要素信息,税控码区:(增值税专用发票)84位,4行,每行各21位;(货物运输业增值税专用发票)144位,4行,每行各36位,税控码缺少或者模糊的都不能被识别。若密文无法被扫描设备识别,可以通过手工录入的方式进行认证;密码缺少只能把该发票退回给销售方,要求重新开具。

5. 盖章不合理

在扫描中会出现销货方开具发票盖的发票专用章不合理,覆盖了系统要扫描的要素,比如盖在销货方纳税识别号上、盖在金额(不含税)上等原因,导致扫描机不能正常读取发票内容。在这种情况下,可以根据发票内容进行手工调整录入。

第二章 网上认证业务(一)

第一节 模拟企业经营范围介绍

龙山集团是中国领先的农产品、食品、纺织、造纸、服装制品、石油加工及炼焦、金属冶炼、机械制造和电子通讯设备制造等多领域、多元化经营的制造业服务供应商。该集团旗下有:财刀网股份有限公司,龙山纺织股份有限公司、龙山创新粮食股份有限公司、龙山酒业有限公司、龙山服饰有限公司、龙山化工有限公司、龙山机械制造股份公司、龙山通讯设备股份公司等多家分公司和子公司。

龙山集团(HK8000)已于2008年8月在香港上市。该集团一直致力于利用不断再生的自然资源为人类提供营养健康的食品、高品质的生活空间及生活服务,为人类社会的繁荣作出贡献。该集团拥有诸多品牌的产品与服务组合,利用国内外资本市场展开一系列的产业整合和重组并购,引入国际领先技术和评价机制,有完善的资源配置体系、管理框架和运行机制。

龙山集团旗下财刀网股份有限公司是一家从事纺织生产、批发、出口、销售和配套服务的生产型企业。企业注册资金为5 000万元。年销售额为150 000万元,在全国15个省市设有分公司和经销部。

财刀网股份有限公司是一般纳税人企业。注册信息见表2-1-1。

表2-1-1　　　　　　　　　　财刀网注册信息　　　　　　　　　　金额单位:元

纳税人名称	财刀网股份有限公司
纳税人识别号	330165719597888
地址、电话	杭州市滨江区南环路3738号　　0571—56688106
开户行及账号	农行高新支行　　3300161673505000 1251

第二节 认证业务介绍

一、业务说明

(1) 2014年12月份,财刀网股份有限公司财务部税务专员小王收到分别从广东、上海、深圳、新疆等地寄来增值税专用发票24张(见附录8)。明细见表2-2-1。

表 2-2-1　　　　　　　　　　　　增值税专用发票明细　　　　　　　　　　金额单位:元

序号	销货方	开票时间	金额	税额	发票号码	附图
1	河北税友软件有限公司	2014/12/15	1 025.64	174.36	07296401	2-2-1
2	河北税友软件有限公司	2014/12/16	1 153.85	196.15	07296402	2-2-2
3	深圳税友软件有限公司	2014/12/17	769.23	130.77	07069056	2-2-3
4	深圳税友软件有限公司	2014/12/18	4 649.57	790.43	07069057	2-2-4
5	新疆税友软件有限公司	2014/03/06	7 420.11	1 261.42	07059108	2-2-5
6	新疆税友软件有限公司	2014/03/20	3 615.39	614.61	07008913	2-2-6
7	税友软件集团股份有限公司	2014/12/20	10 000.00	1 700.00	07026523	2-2-7
8	税友软件集团股份有限公司	2014/12/20	10 000.00	1 700.00	07026524	2-2-8
9	税友软件集团股份有限公司	2014/12/20	10 000.00	1 700.00	07026525	2-2-9
10	税友软件集团股份有限公司	2014/12/23	8 461.54	1 438.46	07026526	2-2-10
11	广东税友软件股份有限公司	2014/03/17	1 025.64	174.36	07068413	2-2-11
12	广东税友软件股份有限公司	2014/12/17	1 008.55	171.45	07068414	2-2-12
13	广东税友软件股份有限公司	2014/12/17	1 008.55	171.45	07068415	2-2-13
14	浙江衡信教育科技有限公司	2014/12/18	2 034.19	345.81	07026610	2-2-14
15	浙江衡信教育科技有限公司	2014/12/18	9 230.77	1 569.23	07026611	2-2-15
16	浙江衡信教育科技有限公司	2014/12/18	15 384.61	2 615.39	07026614	2-2-16
17	浙江衡信教育科技有限公司	2014/12/18	1 025.64	174.36	07002987	2-2-17
18	上海税友软件有限公司	2014/12/11	1 709.40	290.60	07002988	2-2-18
19	上海税友软件有限公司	2014/12/11	1 555.55	264.45	07002989	2-2-19
21	河北税友软件有限公司	2014/12/16	1 068.38	181.62	07296403	2-2-20
22	深圳税友软件有限公司	2014/12/18	512.82	87.18	07069058	2-2-21
23	新疆税友软件有限公司	2010/1/6	5 623.93	956.07	07059109	2-2-22
24	广东税友软件股份有限公司	2014/12/17	2 051.28	348.72	07068416	2-2-23
25	浙江衡信教育科技有限公司	2014/12/18	2 564.10	435.90	07026612	2-2-24

(2) 财刀网股份有限公司所有运输业务外包给运输企业远成集团有限公司。2014年12月份发生5笔运输业务,共取得5张货物运输业增值税专用发票(见附录8)。明细见表2-2-2。

表 2-2-2　　　　　　　　　　　　货物运输业增值税专用发票　　　　　　　　　　金额单位:元

序号	承运人	开票时间	金额	税额	发票号码	附图
1	远成集团有限公司绍兴分公司	2014-12-15	3 648.65	401.35	00101536	2-2-25
2	远成集团有限公司绍兴分公司	2014-12-15	1 036.04	113.96	00101537	2-2-26
3	远成集团有限公司绍兴分公司	2014-12-15	1 729.73	190.27	00101538	2-2-27
4	远成集团有限公司绍兴分公司	2014-12-15	6 288.29	691.71	00101539	2-2-28
6	远成集团有限公司绍兴分公司	2014-12-15	324.32	35.68	00101541	2-2-29

二、操作说明

（1）老师凭管理员账号登录财刀网（http://www.caidao8.com）税务实训平台授权中心，进行学生管理，给学生注册实训平台账号。

（2）学生获得账号后，输入学校编号、学号、密码，登录税务实训平台，选择增值税发票网上认证系统，进行发票认证操作。

（3）进入系统进行增值税发票网上认证系统操作并进行系统评分，确认无误后，打印"认证结果通知书"和"认证结果清单"。

（4）国家税务局规定要将认证相符发票抵扣联和认证通知书、认证结果清单一起装订成册，作为以后纳税检查的备查资料。学生要将自己打印出来的"认证结果通知书""认证结果清单"与认证相符的发票一起装订成册，上交给老师。至此，实训完成。

第三节 认证结果报告

通过网络，将已录入或扫描的发票发送到主管税务机关，进行进项税额认证抵扣。认证比对后，从主管税务机关获取认证结果：

（1）认证结果通知书。

（2）认证结果清单。

以浙江版本为例，认证结果报告如下所示。此结果为本书的标准答案。请同学们自己核对是否与正确答案相符。书后为同学们附一张错误发票清单，大家可以用来比对。

一、专用发票认证结果报告

班级：杭州实训一班　　　　姓名：沈斌　　　　账号：007

认证结果通知书

企业名称：财刀网股份有限公司

你单位于 2015 年 03 月份网上认证的防伪税控系统开具的专用发票抵扣联共 20 份。经过认证，认证相符的专用发票 20 份，合计税额￥14 486.33 元。

请将认证相符的专用发票抵扣联和本通知书一起装订成册，作为纳税检查的备查资料。

认证详细情况请见本通知所附清单。

打印日期：2014 年 12 月 31 日

本通知书一式两联，请妥善保管

第二章　网上认证业务（一）

班级：杭州实训一班　　　　姓名：沈斌　　　　账号：007

认证结果清单（认证通过）

认证时间：2015年03月01日至2015年03月31日

纳税人名称（盖章）：财刀网股份有限公司　　　纳税人识别号：330165719597888　　　金额单位：元

序号	发票代码	发票号码	销货方税号	开票时间	金额	税额	税率	认证结果
1	1301111130	07296401	130103763443854	2014/12/15	1 025.64	174.36	17%	认证通过
2	1301111130	07296402	130103763443854	2014/12/16	1 153.85	196.15	17%	认证通过
3	4403111130	07069056	440301757627569	2014/12/17	769.23	130.77	17%	认证通过
4	4403111130	07069057	440301757627569	2014/12/18	4 649.57	790.43	17%	认证通过
5	3301111130	07026523	330165719597557	2014/12/20	10 000.00	1 700.00	17%	认证通过
6	3301111130	07026524	330165719597557	2014/12/20	10 000.00	1 700.00	17%	认证通过
7	3301111130	07026525	330165719597557	2014/12/20	10 000.00	1 700.00	17%	认证通过
8	3301111130	07026526	330165719597557	2014/12/23	8 461.54	1 438.46	17%	认证通过
9	4401111130	07068414	440100677761987	2014/12/17	1 008.55	171.45	17%	认证通过
10	4401111130	07068415	440100677761987	2014/12/17	1 008.55	171.45	17%	认证通过
11	3301111130	07026610	330100697058965	2014/12/18	2 034.19	345.81	17%	认证通过
12	3301111130	07026611	330100697058965	2014/12/18	9 230.77	1 569.23	17%	认证通过
13	3301111130	07026614	330100697058965	2014/12/18	15 384.61	2 615.39	17%	认证通过
14	3301111130	07002987	330100697058965	2014/12/18	1 025.64	174.36	17%	认证通过
15	3100111130	07002988	310101737450823	2014/12/11	1 709.40	290.60	17%	认证通过
16	3100111130	07002989	310101737450823	2014/12/11	1 555.55	264.45	17%	认证通过
17	4401111130	07296403	330100697058965	2014/12/16	1 068.38	181.62	17%	认证通过
18	1301111130	07069058	130103763443854	2014/12/18	512.82	87.18	17%	认证通过
19	4403111130	07068416	440301757627569	2014/12/17	2 051.28	348.72	17%	认证通过
20	4410111130	07026612	440100677761987	2014/12/18	2 564.10	435.90	17%	认证通过
合计					￥85 213.67	￥14 486.33		

杭州市滨江区国家税务局 认证专用章

5AYY2Z69QHYOI4AY29

打印日期：2015年03月31日

二、货物运输业增值税专用发票认证结果报告

班级：杭州实训一班　　　　姓名：沈斌　　　　账号：007

认证结果通知书（货运发票）

企业名称：财刀网股份有限公司

　　你单位于2015年03月报送货运输业增值税专用发票扣抵联共5份。经过认证，认证相符的发票5份，扣抵税额￥1 432.97元，认证不符的发票0份，税额￥0.00。现将认证相符的发票抵扣联退还给贵单位，请查收。

　　请将认证相符发票抵扣联和本通知书一起装订成册，作为纳税检查的备查资料。

　　认证详细情况请见本通知所附清单。

杭州市滨江区国家税务局 认证专用章

5AYY2Z69QHYOI4AY29

打印日期：2015年03月31日

本通知书一式两联，请妥善保管

班级：杭州实训一班　　　　姓名：沈斌　　　　账号：007

货物运输业增值税专用发票税控系统发票认证结果清单
（认证相符）

所属期：2015年03月

企业名称：财刀网股份有限公司　　　纳税人识别号：330165719597888　　　金额单位：元

序号	发票代码	发票号码	承运方税号	开票时间	运费小计	抵扣税额	认证结果	发票类别
1	3300144730	00101536	330621704497764	2014/12/15	3 648.65	401.35	认证通过	自开
2	3300144730	00101537	330621704497764	2014/12/15	1 036.04	113.96	认证通过	自开
3	3300144730	00101538	330621704497764	2014/12/15	1 729.73	190.27	认证通过	自开
4	3300144730	00101539	330621704497764	2014/12/15	6 288.29	691.71	认证通过	自开
5	3300144730	00101541	330621704497764	2014/12/15	324.32	35.68	认证通过	自开
合计					￥13 027.03	￥1 432.97		

打印日期：2015年03月31日

第三章　网上认证业务(二)

本单元共设置3个实训案例,教师可根据教学需要自行选择相应案例进行网上认证模拟操作,发票认证通过后,请打印认证结果通知书与认证结果清单,并根据案例评分。

一、实训案例(一)

杭州华光计算机经销有限公司成立于2014年3月,主要从事计算机硬件设备、办公设备、办公用品销售、计算机技术服务以及其他一切无需报经审批的合法项目。该公司为增值税一般纳税人企业。

2015年2月,该公司财务部税务专员取得4张增值税专用发票、1张运输业增值税专用发票,通过增值税发票网上认证系统向税务局认证当月进项税票。

发票见附录9(图3-1-1至图3-1-5)。

二、实训案例(二)

浙江方圆软件有限公司成立于2014年6月,主要从事计算机软件研究开发、软件销售、计算机技术服务、计算机硬件销售、计算机系统集成以及其他一切无需报经审批的合法项目。该公司为增值税一般纳税人企业。

2015年3月,该公司财务部税务专员取得9张增值税专用发票、1张运输业增值税专用发票,通过增值税发票网上认证系统向税务局认证当月进项税票。

发票见附录10(图3-2-1至图3-2-10)。

三、实训案例(三)

思达信息集团杭州分公司是一家以提供技术外包、技术咨询服务为主的现代服务业公司,该公司营改增后为一般纳税人企业。

2015年6月,该公司财务部税务专员取得13张增值税专用发票、2张运输业增值税专用发票,通过增值税发票网上认证系统向税务局认证当月进项税票。

发票见附录11(图3-3-1至图3-3-15)。

附录 1

国家税务总局关于修订
《增值税专用发票使用规定》的通知

国税发〔2006〕156 号

各省、自治区、直辖市和计划单列市国家税务局：

为适应增值税专用发票管理需要,规范增值税专用发票使用,进一步加强增值税征收管理,在广泛征求意见的基础上,国家税务总局对现行的《增值税专用发票使用规定》进行了修订。现将修订后的《增值税专用发票使用规定》印发给你们,自 2007 年 1 月 1 日起施行。

各级税务机关应做好宣传工作,加强对税务人员和纳税人的培训,确保新规定贯彻执行到位。执行中如有问题,请及时报告总局（流转税管理司）。

附件：

① 最高开票限额申请表（略）。
② 销售货物或者提供应税劳务清单（略）。
③ 开具红字增值税专用发票申请单（略）。
④ 开具红字增值税专用发票通知单（略）。
⑤ 丢失增值税专用发票已报税证明单（略）。

 增值税专用发票使用规定

第一条 为加强增值税征收管理,规范增值税专用发票（以下简称专用发票）使用行为,根据《中华人民共和国增值税暂行条例》及其实施细则和《中华人民共和国税收征收管理法》及其实施细则,制定本规定。

第二条 专用发票,是增值税一般纳税人（以下简称一般纳税人）销售货物或者提供应税劳务开具的发票,是购买方支付增值税额并可按照增值税有关规定据以抵扣增值税进项税额的凭证。

第三条 一般纳税人应通过增值税防伪税控系统（以下简称防伪税控系统）使用专用发票。使用包括：领购、开具、缴销、认证纸质专用发票及其相应的数据电文。

本规定所称防伪税控系统,是指经国务院同意推行的,使用专用设备和通用设备、运用数字密码和电子存储技术管理专用发票的计算机管理系统。

本规定所称专用设备,是指金税卡、IC 卡、读卡器和其他设备。

本规定所称通用设备,是指计算机、打印机、扫描器具和其他设备。

第四条 专用发票由基本联次或者基本联次附加其他联次构成,基本联次为三联:发票联、抵扣联和记账联。发票联,作为购买方核算采购成本和增值税进项税额的记账凭证;抵扣联,作为购买方报送主管税务机关认证和留存备查的凭证;记账联,作为销售方核算销售收入和增值税销项税额的记账凭证。其他联次用途,由一般纳税人自行确定。

第五条 专用发票实行最高开票限额管理。最高开票限额,是指单份专用发票开具的销售额合计数不得达到的上限额度。

最高开票限额由一般纳税人申请,税务机关依法审批。最高开票限额为 10 万元及以下的,由区县级税务机关审批;最高开票限额为 100 万元的,由地市级税务机关审批;最高开票限额为 1 000 万元及以上的,由省级税务机关审批。防伪税控系统的具体发行工作由区县级税务机关负责。

税务机关审批最高开票限额应进行实地核查。批准使用最高开票限额为 10 万元及以下的,由区县级税务机关派人实地核查;批准使用最高开票限额为 100 万元的,由地市级税务机关派人实地核查;批准使用最高开票限额为 1 000 万元及以上的,由地市级税务机关派人实地核查后将核查资料报省级税务机关审核。

一般纳税人申请最高开票限额时,需填报《最高开票限额申请表》(附件1)。

第六条 一般纳税人领购专用设备后,凭《最高开票限额申请表》《发票领购簿》到主管税务机关办理初始发行。

本规定所称初始发行,是指主管税务机关将一般纳税人的下列信息载入空白金税卡和 IC 卡的行为。

① 企业名称。

② 税务登记代码。

③ 开票限额。

④ 购票限量。

⑤ 购票人员姓名、密码。

⑥ 开票机数量。

⑦ 国家税务总局规定的其他信息。

一般纳税人发生上列第一、第三、第四、第五、第六、第七项信息变化的,应向主管税务机关申请变更发行;发生第二项信息变化,应向主管税务机关申请注销发行。

第七条 一般纳税人凭《发票领购簿》、IC 卡和经办人身份证明领购专用发票。

第八条 一般纳税人有下列情形之一的,不得领购开具专用发票:

(1)会计核算不健全,不能向税务机关准确提供增值税销项税额、进项税额、应纳税额数据及其他有关增值税税务资料的。上列其他有关增值税税务资料的内容,由省、自治区、直辖市和计划单列市国家税务局确定。

(2)有《中华人民共和国税收征收管理法》规定的税收违法行为,拒不接受税务机关处理的。

(3)有下列行为之一,经税务机关责令限期改正而仍未改正的:

① 虚开增值税专用发票。

② 私自印制专用发票。

③ 向税务机关以外的单位和个人买取专用发票。

④ 借用他人专用发票。

⑤ 未按本规定第十一条开具专用发票。

⑥ 未按规定保管专用发票和专用设备。

⑦ 未按规定申请办理防伪税控系统变更发行。

⑧ 未按规定接受税务机关检查。

有上列情形的,如已领购专用发票,主管税务机关应暂扣其结存的专用发票和IC卡。

第九条 有下列情形之一的,为本规定第八条所称未按规定保管专用发票和专用设备:

① 未设专人保管专用发票和专用设备。

② 未按税务机关要求存放专用发票和专用设备。

③ 未将认证相符的专用发票抵扣联、《认证结果通知书》和《认证结果清单》装订成册。

④ 未经税务机关查验,擅自销毁专用发票基本联次。

第十条 一般纳税人销售货物或者提供应税劳务,应向购买方开具专用发票。

商业企业一般纳税人零售的烟、酒、食品、服装、鞋帽(不包括劳保专用部分)、化妆品等消费品不得开具专用发票。

增值税小规模纳税人(以下简称小规模纳税人)需要开具专用发票的,可向主管税务机关申请代开。

销售免税货物不得开具专用发票,法律、法规及国家税务总局另有规定的除外。

第十一条 专用发票应按下列要求开具:

① 项目齐全,与实际交易相符。

② 字迹清楚,不得压线、错格。

③ 发票联和抵扣联加盖财务专用章或者发票专用章。

④ 按照增值税纳税义务的发生时间开具。

对不符合上列要求的专用发票,购买方有权拒收。

第十二条 一般纳税人销售货物或者提供应税劳务可汇总开具专用发票。汇总开具专用发票的,同时使用防伪税控系统开具《销售货物或者提供应税劳务清单》(附件2),并加盖财务专用章或者发票专用章。

第十三条 一般纳税人在开具专用发票当月,发生销货退回、开票有误等情形,收到退回的发票联、抵扣联符合作废条件的,按作废处理;开具时发现有误的,可即时作废。

作废专用发票须在防伪税控系统中将相应的数据电文按"作废"处理,在纸质专用发票(含未打印的专用发票)各联次上注明"作废"字样,全联次留存。

第十四条 一般纳税人取得专用发票后,发生销货退回、开票有误等情形但不符合作废条件的,或者因销货部分退回及发生销售折让的,购买方应向主管税务机关填报《开具红字增值税专用发票申请单》(以下简称《申请单》,附件3)。

《申请单》所对应的蓝字专用发票应经税务机关认证。

经认证结果为"认证相符"并且已经抵扣增值税进项税额的,一般纳税人在填报《申请单》时不填写相对应的蓝字专用发票信息。

经认证结果为"纳税人识别号认证不符""专用发票代码、号码认证不符"的,一般纳税人在填报《申请单》时应填写相对应的蓝字专用发票信息。

第十五条 《申请单》一式两联:第一联由购买方留存;第二联由购买方主管税务机关留存。

《申请单》应加盖一般纳税人财务专用章。

第十六条 主管税务机关对一般纳税人填报的《申请单》进行审核后,出具《开具红字增值税专用发票通知单》(以下简称《通知单》,附件4)。《通知单》应与《申请单》一一对应。

第十七条 《通知单》一式三联:第一联由购买方主管税务机关留存;第二联由购买方送交销售方留存;第三联由购买方留存。

《通知单》应加盖主管税务机关印章。

《通知单》应按月依次装订成册,并比照专用发票保管规定管理。

第十八条 购买方必须暂依《通知单》所列增值税额从当期进项税额中转出,未抵扣增值税进项税额的可列入当期进项税额,待取得销售方开具的红字专用发票后,与留存的《通知单》一并作为记账凭证。属于本规定第十四条第四款所列情形的,不作进项税额转出。

第十九条 销售方凭购买方提供的《通知单》开具红字专用发票,在防伪税控系统中以销项负数开具。

红字专用发票应与《通知单》一一对应。

第二十条 同时具有下列情形的,为本规定所称作废条件:

① 收到退回的发票联、抵扣联时间未超过销售方开票当月。

② 销售方未抄税并且未记账。

③ 购买方未认证或者认证结果为"纳税人识别号认证不符""专用发票代码、号码认证不符"。

本规定所称抄税,是报税前用IC卡或者IC卡和软盘抄取开票数据电文。

第二十一条 一般纳税人开具专用发票应在增值税纳税申报期内向主管税务机关报税,在申报所属月份内可分次向主管税务机关报税。

本规定所称报税,是纳税人持IC卡或者IC卡和软盘向税务机关报送开票数据电文。

第二十二条 因IC卡、软盘质量等问题无法报税的,应更换IC卡、软盘。

因硬盘损坏、更换金税卡等原因不能正常报税的,应提供已开具未向税务机关报税的专用发票记账联原件或者复印件,由主管税务机关补采开票数据。

第二十三条 一般纳税人注销税务登记或者转为小规模纳税人,应将专用设备和结存未用的纸质专用发票送交主管税务机关。

主管税务机关应缴销其专用发票,并按有关安全管理的要求处理专用设备。

第二十四条 本规定第二十三条所称专用发票的缴销,是指主管税务机关在纸质专用发票监制章处按"V"字剪角作废,同时作废相应的专用发票数据电文。

被缴销的纸质专用发票应退还纳税人。

第二十五条 用于抵扣增值税进项税额的专用发票应经税务机关认证相符(国家税务总局另有规定的除外)。认证相符的专用发票应作为购买方的记账凭证,不得退还销售方。

本规定所称认证,是税务机关通过防伪税控系统对专用发票所列数据的识别、确认。

本规定所称认证相符,是指纳税人识别号无误,专用发票所列密文解译后与明文一致。

第二十六条 经认证,有下列情形之一的,不得作为增值税进项税额的抵扣凭证,税务机关退还原件,购买方可要求销售方重新开具专用发票。

① 无法认证。

本规定所称无法认证,是指专用发票所列密文或者明文不能辨认,无法产生认证结果。

② 纳税人识别号认证不符。

本规定所称纳税人识别号认证不符,是指专用发票所列购买方纳税人识别号有误。

③ 专用发票代码、号码认证不符。

本规定所称专用发票代码、号码认证不符,是指专用发票所列密文解译后与明文的代码或者号码不一致。

第二十七条 经认证,有下列情形之一的,暂不得作为增值税进项税额的抵扣凭证,税务机关扣留原件,查明原因,分别情况进行处理。

① 重复认证。

本规定所称重复认证,是指已经认证相符的同一张专用发票再次认证。

② 密文有误。

本规定所称密文有误,是指专用发票所列密文无法解译。

③ 认证不符。

本规定所称认证不符,是指纳税人识别号有误,或者专用发票所列密文解译后与明文不一致。

本项所称认证不符不含第二十六条第二项、第三项所列情形。

④ 列为失控专用发票。

本规定所称列为失控专用发票,是指认证时的专用发票已被登记为失控专用发票。

第二十八条 一般纳税人丢失已开具专用发票的发票联和抵扣联,如果丢失前已认证相符的,购买方凭销售方提供的相应专用发票记账联复印件及销售方所在地主管税务机关出具的《丢失增值税专用发票已报税证明单》(附件5),经购买方主管税务机关审核同意后,可作为增值税进项税额的抵扣凭证;如果丢失前未认证的,购买方凭销售方提供的相应专用发票记账联复印件到主管税务机关进行认证,认证相符的凭该专用发票记账联复印件及销售方所在地主管税务机关出具的《丢失增值税专用发票已报税证明单》,经购买方主管税务机关审核同意后,可作为增值税进项税额的抵扣凭证。

一般纳税人丢失已开具专用发票的抵扣联,如果丢失前已认证相符的,可使用专用发票发票联复印件留存备查;如果丢失前未认证的,可使用专用发票发票联到主管税务机关认证,专用发票发票联复印件留存备查。

一般纳税人丢失已开具专用发票的发票联,可将专用发票抵扣联作为记账凭证,专用发票抵扣联复印件留存备查。

第二十九条 专用发票抵扣联无法认证的,可使用专用发票发票联到主管税务机关认证。专用发票发票联复印件留存备查。

第三十条 本规定自2007年1月1日施行,《国家税务总局关于印发〈增值税专用发票使用规定〉的通知》(国税发〔1993〕150号)、《国家税务总局关于增值税专用发票使用问题的补充通知》(国税发〔1994〕56号)、《国家税务总局关于由税务所为小规模企业代开增值税专用发票的通知》(国税发〔1994〕58号)、《国家税务总局关于印发〈关于商业零售企业开具增值税专用发票的通告〉的通知》(国税发〔1994〕81号)、《国家税务总局关于修改〈国家税务总局关于严格控制增值税专用发票使用范围的通知〉的通知》(国税发〔2000〕75号)、《国家税务总局关于加强防伪税控开票系统最高开票限额管理的通知》(国税发明电〔2001〕57号)、《国家税务总局关于增值税一般纳税人丢失防伪税控系统开具的增值税专用发票有关税务处理问题的通知》(国税发〔2002〕10号)、《国家税务总局关于进一步加强防伪税控开票系统最高开票限额管理的通知》(国税发明电〔2002〕33号)同时废止。以前有关政策规定与本规定不一致的,以本规定为准。

附件:略。

附录 2

国家税务总局关于统一编印 1995 年增值税专用发票代码的通知

国税函发〔1995〕18 号

各省、自治区、直辖市和计划单列市国家税务局：

为了加强对增值税专用发票的使用管理，有利于增值税专用发票计算机交叉稽核工作，从 1995 年起，将专用发票上的地区简称、制版年度、批次、版本的语言文字、几联发票、发票的金额版本号等改用 10 位代码表示。

具体表示方法：

第 1~4 位代表各地市

（以上代码参见附件）

第 5~6 两位代表制版年度

第 7 位代表批次

（分别用 1、2、3、4……表示）

第 8 位代表版本的语言文字

（分别用 1、2、3、4 代表中文、中英文、藏汉文、维汉文）

第 9 位代表几联发票

（分别用 4、7 表示四联、七联）

第 10 位代表发票的金额版本号

（分别用 1、2、3、4 表示万元版、十万元版、百万元版、千万元版，用"0"表示电脑发票）

例："1301951141"，其中：一至四位"1301"表示河北省石家庄市，五、六两位"95"表示 1995 年版，第七位"1"表示第一批，第八位"1"表示中文，第九位"4"表示四联，第十位"1"表示万元版。

附件：

各省、自治区、直辖市,各计划单列市地区代码

序号	地区名称	地区名称	地区代码	序号	地区名称	地区名称	地区代码
1	北京市	北 京	1100	2	天津市	天 津	1200
3	河北省	河 北	1301-1330	4	山西省	山 西	1400-1427
5	内蒙古自治区	内蒙古	1501-1526	6	辽宁省	辽 宁	2100-2114

（续表）

序号	地区名称	地区名称	地区代码	序号	地区名称	地区名称	地区代码
7	大连市	大连	2102	8	吉林省	吉林	2201-2224
9	黑龙江省	黑龙江	2301-2327	10	上海市	上海	3100
11	江苏省	江苏	3201-3211	12	浙江省	浙江	3301-3326
13	安徽省	安徽	3401-3429	14	福建省	福建	3501-3525
15	江西省	江西	3601-3625	16	山东省	山东	3701-3729
17	河南省	河南	4101-4130	18	湖北省	湖北	4200-4229
19	湖南省	湖南	4301-4331	20	广东省	广东	4401-4421
21	广西壮族自治区	广西	4501-4528	22	四川省	四川	5101-5136
23	重庆市	重庆	5102	24	贵州省	贵州	5201-5227
25	云南省	云南	5301-5335	26	西藏自治区	西藏	5400
27	陕西省	陕西	6100-6127	28	甘肃省	甘肃	6201-6230
29	青海省	青海	6301-6328	30	宁夏回族自治区	宁夏	6401-6422
31	新疆维吾尔自治区	新疆	6501-6590				

3 河北省代码

地区名称	地区名称	地区代码	地区名称	地区名称	地区代码
石家庄	家庄	1301	唐山	唐山	1302
秦皇岛	皇岛	1303	邯郸	邯郸	1304
邢台	邢台	1305	保定	保定	1306
张家口	家口	1307	承德	承德	1308
沧州	沧州	1309	廊坊	廊坊	1310
保定地区	保地	1324	衡水地区	衡水	1330

4 山西省代码

地区名称	地区名称	地区代码	地区名称	地区名称	地区代码
太原	太原	1401	大同	大同	1402
阳泉	阳泉	1403	长治	长治	1404
晋城	晋城	1405	朔州	朔州	1406
忻州	忻州	1422	吕梁地区	吕梁	1423
晋中地区	晋中	1424	临汾地区	临汾	1426
运城地区	运城	1427	省直属分局	省直	1400

5 内蒙古自治区代码

地区名称	地区名称	地区代码	地区名称	地区名称	地区代码
呼和浩特	呼市	1501	包头	包头	1502
乌海	乌海	1503	赤峰	赤峰	1504
呼伦贝尔	呼盟	1521	兴安盟	兴安	1522
哲里木盟	哲盟	1523	锡林郭勒	锡盟	1525

(续表)

5　内蒙古自治区代码

地区名称	地区名称	地区代码	地区名称	地区名称	地区代码
乌兰察布	乌　盟	1526	伊克昭盟[①]	伊　盟	1527
巴彦淖尔	巴　盟	1528	阿拉善盟	阿　盟	1529

6　辽宁省代码

地区名称	地区名称	地区代码	地区名称	地区名称	地区代码
沈　阳	沈　阳	2101	鞍　山	鞍　山	2103
抚　顺	抚　顺	2104	本　溪	本　溪	2105
丹　东	丹　东	2106	锦　州	锦　州	2107
营　口	营　口	2108	阜　新	阜　新	2109
辽　阳	辽　阳	2110	盘　锦	盘　锦	2111
铁　岭	铁　岭	2112	朝　阳	朝　阳	2113
锦　西	锦　西	2114	省直属分局	省　直	2100

8　吉林省代码

地区名称	地区名称	地区代码	地区名称	地区名称	地区代码
长　春	长　春	2201	吉　林	吉　林	2202
四　平	四　平	2203	辽　源	辽　源	2204
通　化	通　化	2205	白　山	白　山	2206
松　原	松　原	2207	白　城	白　城	2223
延　边	延　边	2224			

9　黑龙江省代码

地区名称	地区名称	地区代码	地区名称	地区名称	地区代码
哈尔滨	尔　滨	2301	齐齐哈尔	齐　哈	2302
鸡　西	鸡　西	2303	鹤　岗	鹤　岗	2304
双鸭山	鸭　山	2305	大　庆	大　庆	2306
伊　春	伊　春	2307	佳木斯	木　斯	2308
七台河	台　河	2309	牡丹江	丹　江	2310
松花江地区	花　江	2321	绥化地区	绥　化	2323
黑河地区	黑　河	2326	大兴安岭地区	安　岭	2327

11　江苏省代码

地区名称	地区名称	地区代码	地区名称	地区名称	地区代码
南　京	南　京	3201	无　锡	无　锡	3202
徐　州	徐　州	3203	常　州	常　州	3204
苏　州	苏　州	3205	南　通	南　通	3206
连云港	云　港	3207	淮　阴	淮　阴	3208

[①]　伊克昭盟即鄂尔多斯市的旧称。

(续表)

11　江苏省代码

地区名称	地区名称	地区代码	地区名称	地区名称	地区代码
盐　城	盐　城	3209	扬　州	扬　州	3210
镇　江	镇　江	3211			

12　浙江省代码

地区名称	地区名称	地区代码	地区名称	地区名称	地区代码
杭　州	杭　州	3301	温　州	温　州	3303
嘉　兴	嘉　兴	3304	湖　州	湖　州	3305
宁波市	宁　波	3302	绍　兴	绍　兴	3306
金　华	金　华	3307	衢　州	衢　州	3308
舟　山	舟　山	3309	丽水地区	丽　水	3325
台州地区	台　州	3326			

13　安徽省代码

地区名称	地区名称	地区代码	地区名称	地区名称	地区代码
合　肥	合　肥	3401	芜　湖	芜　湖	3402
蚌　埠	蚌　埠	3403	淮　南	淮　南	3404
马鞍山	马　鞍	3405	淮　北	淮　北	3406
铜　陵	铜　陵	3407	安　庆	安　庆	3408
黄　山	黄　山	3410	滁　州	滁　州	3411
阜阳地区	阜　阳	3421	宿县地区	宿　县	3422
六安地区	六　安	3424	宣城地区	宣　城	3425
巢湖地区	巢　湖	3426	池州地区	池　州	3429

14　福建省代码

地区名称	地区名称	地区代码	地区名称	地区名称	地区代码
福　州	福　州	3501	莆　田	莆　田	3503
三　明	三　明	3504	泉　州	泉　州	3505
漳　州	漳　州	3506	南平地区	南　平	3521
宁德地区	宁　德	3522	龙岩地区	龙　岩	3526
厦门市	厦　门	3502			

15　江西省代码

地区名称	地区名称	地区代码	地区名称	地区名称	地区代码
南　昌	南　昌	3601	景德镇	景　德	3602
萍　乡	萍　乡	3603	九　江	九　江	3604
新　余	新　余	3605	鹰　潭	鹰　潭	3606
赣州地区	赣　州	3621	宜春地区	宜　春	3622
上饶地区	上　饶	3623	吉安地区	吉　安	3624
抚州地区	抚　州	3625			

附录 2

(续表)

16　山东省代码

地区名称	地区名称	地区代码	地区名称	地区名称	地区代码
济　南	济　南	3701	淄　博	淄　博	3703
枣　庄	枣　庄	3704	东　营	东　营	3705
烟　台	烟　台	3706	潍　坊	潍　坊	3707
济　宁	济　宁	3708	泰　安	泰　安	3709
威　海	威　海	3710	日　照	日　照	3711
莱　芜	莱　芜	3712	滨州地区	滨　州	3723
德州地区	德　州	3724	聊城地区①	聊　城	3725
临沂地区	临　沂	3728	菏泽地区	菏　泽	3729
青岛市	青　岛	3702			

17　河南省代码

地区名称	地区名称	地区代码	地区名称	地区名称	地区代码
郑　州	郑　州	4101	开　封	开　封	4102
洛　阳	洛　阳	4103	平顶山	顶　山	4104
安　阳	安　阳	4105	鹤　壁	鹤　壁	4106
新　乡	新　乡	4107	焦　作	焦　作	4108
濮　阳	濮　阳	4109	许　昌	许　昌	4110
漯　河	漯　河	4111	三门峡	三　门	4112
商丘地区	商　丘	4123	周口地区	周　口	4127
驻马店地区	驻　马	4128	南阳地区	南　阳	4129
信阳地区	信　阳	4130			

18　湖北省代码

地区名称	地区名称	地区代码	地区名称	地区名称	地区代码
武　汉	武　汉	4201	黄　石	黄　石	4202
十　堰	十　堰	4203	沙　市	沙　市	4204
宜　昌	宜　昌	4205	襄　樊	襄　樊	4206
鄂　州	鄂　州	4207	荆　门	荆　门	4208
黄冈地区	黄　冈	4221	孝感地区	孝　感	4222
咸宁地区	咸　宁	4223	荆州地区	荆　州	4224
郧阳地区	郧　阳	4226	恩施州②	恩　施	4228
神农架地区	神　农	4229	省直属分局	省　直	4200

19　湖北省代码

地区名称	地区名称	地区代码	地区名称	地区名称	地区代码
长　沙	长　沙	4301	株　州	株　州	4302
湘　潭	湘　潭	4303	衡　阳	衡　阳	4304
邵　阳	邵　阳	4305	岳　阳	岳　阳	4306

---

① 聊城地区即现在的聊城市
② 恩施州全称为恩施土家族苗族自治州。

(续表)

19 湖北省代码

地区名称	地区名称	地区代码	地区名称	地区名称	地区代码
常 德	常 德	4307	张家界	家 界	4308
益阳地区	益 阳	4323	娄底地区	娄 底	4325
郴州地区	郴 州	4328	零陵地区	零 陵	4329
怀化地区	怀 化	4330	湘西州①	湘 西	4331

20 广东省代码

地区名称	地区名称	地区代码	地区名称	地区名称	地区代码
广 州	广 州	4401	韶 关	韶 关	4402
珠 海	珠 海	4404	汕 头	汕 头	4405
佛 山	佛 山	4406	江 门	江 门	4407
湛 江	湛 江	4408	茂 名	茂 名	4409
潮 州	潮 州	4410	揭 阳	揭 阳	4411
肇 庆	肇 庆	4412	惠 州	惠 州	4413
梅 州	梅 州	4414	汕 尾	汕 尾	4415
河 源	河 源	4416	阳 江	阳 江	4417
清 远	清 远	4418	东 莞	东 莞	4419
中 山	中 山	4420	云 浮	云 浮	4421
深 圳 市	深 圳	4403			

21 广西壮族自治区代码

地区名称	地区名称	地区代码	地区名称	地区名称	地区代码
南 宁	南 宁	4501	柳 州	柳 州	4502
桂 林	桂 林	4503	梧 州	梧 州	4504
北 海	北 海	4505	防城港	防 城	4506
南宁地区	南 地	4521	柳州地区	柳 地	4522
桂林地区	桂 地	4523	梧州地区	梧 地	4524
玉林地区	玉 林	4525	百色地区	百 色	4526
河池地区	河 池	4527	钦州地区	钦 州	4528

22 四川省代码

地区名称	地区名称	地区代码	地区名称	地区名称	地区代码
成 都	成 都	5101	自 贡	自 贡	5103
攀枝花	枝 花	5104	泸 州	泸 州	5105
德 阳	德 阳	5106	绵 阳	绵 阳	5107
广 元	广 元	5108	遂 宁	遂 宁	5109

① 湘西州全称为湘西土家族苗族自治州。

(续表)

22 四川省代码

地区名称	地区名称	地区代码	地区名称	地区名称	地区代码
内江	内江	5110	乐山	乐山	5111
万县	万县	5112	南充	南充	5113
涪陵地区	涪陵	5123	宜宾地区	宜宾	5125
广安地区	广安	5129	达川地区	达川	5130
雅安地区	雅安	5131	阿坝州	阿坝	5132
甘孜州	甘孜	5133	凉山州	凉山	5134
黔江地区	黔江	5135	巴中地区	巴中	5136

24 贵州省代码

地区名称	地区名称	地区代码	地区名称	地区名称	地区代码
贵阳	贵阳	5201	六盘水	六盘	5202
遵义地区	遵义	5221	铜仁地区	铜仁	5222
黔西州	黔西	5223	毕节	毕节	5224
安顺地区	安顺	5225	黔东州	黔东	5226
黔南州	黔南	5227			

25 云南省代码

地区名称	地区名称	地区代码	地区名称	地区名称	地区代码
昆明	昆明	5301	东川	东川	5302
昭通地区	昭通	5321	曲靖地区	曲靖	5322
楚雄州	楚雄	5323	玉溪地区	玉溪	5324
红河州	红河	5325	文山州①	文山	5326
思茅地区	思茅	5327	西双版纳	版纳	5328
大理州②	大理	5329	保山地区	保山	5330
德宏州	德宏	5331	丽江地区	丽江	5332
怒江州	怒江	5333	迪庆州③	迪庆	5334
临沧地区	临沧	5335			

27 陕西省代码

地区名称	地区名称	地区代码	地区名称	地区名称	地区代码
西安	西安	6101	铜川	铜川	6102
宝鸡	宝鸡	6103	咸阳	咸阳	6104
渭南地区	渭南	6121	汉中地区	汉中	6123
安康地区	安康	6124	商洛地区	商洛	6125
延安地区④	延安	6126	榆林地区	榆林	6127

① 文山州全称为文山壮族苗族自治州。
② 大理州全称为大理白族自治州。
③ 迪庆州全称为迪庆藏族自治州。
④ 延安地区现为延安市。

(续表)

28 甘肃省代码

地区名称	地区名称	地区代码	地区名称	地区名称	地区代码
兰 州	兰 州	6201	嘉峪关	嘉 峪	6202
金 昌	金 昌	6203	白 银	白 银	6204
天 水	天 水	6205	酒泉地区	酒 泉	6221
张掖地区	张 掖	6222	武威地区	武 威	6223
定西地区	定 西	6224	陇南地区	陇 南	6226
平凉地区	平 凉	6227	庆阳地区	庆 阳	6228
临夏州	临 夏	6229	甘南州①	甘 南	6230

29 青海省代码

地区名称	地区名称	地区代码	地区名称	地区名称	地区代码
西 宁	西 宁	6301	海东地区	海 东	6321
海北州	海 北	6322	黄南州②	黄 南	6323
海南州③	海 南	6325	果洛州④	果 洛	6326
玉树州⑤	玉 树	6327	海西州⑥	海 西	6328

30 宁夏回族自治区

地区名称	地区名称	地区代码	地区名称	地区名称	地区代码
银 川	银 川	6401	石嘴山	嘴 山	6402
银南地区	银 南	6421	固原地区	固 原	6422

31 新疆维吾尔自治区

地区名称	地区名称	地区代码	地区名称	地区名称	地区代码
乌鲁木齐	乌 市	6501	克拉玛依	克 市	6502
吐鲁番地区	新 吐	6521	哈密地区	哈 密	6522
昌 吉州	昌 吉	6523	博尔塔拉州⑦	博 州	6527
巴音郭勒州	巴 州	6528	阿克苏地区	新 阿	6529
克孜勒苏州	克 州	6530	喀什地区	喀 什	6531
和田地区	和 田	6532	伊犁州⑧奎屯	奎 屯	6540
伊犁地区	伊 犁	6541	塔城地区	塔 城	6542
阿勒泰地区	阿 山	6543	石河子	石 市	6590

---

① 甘南州全称为甘南藏族自治州。
② 黄南州全称为黄南藏族自治州。
③ 海南州全称为海南藏族自治州。
④ 果洛州全称为果洛藏族自治州。
⑤ 玉树州全称为玉树藏族自治州。
⑥ 海西州全称为海西蒙古族藏族自治州。
⑦ 博尔塔拉州全称为博尔塔拉蒙古自治州。
⑧ 伊犁州全称为伊犁哈萨克自治州。

国家税务总局关于统一全国普通发票分类代码和发票号码的通知

国税函〔2004〕521号

各省、自治区、直辖市和计划单列市国家税务局、地方税务局：

为了加强和规范普通发票的统一管理，做好推广应用税控收款机的准备工作，便于全国普通发票统一识别和查询，决定统一全国普通发票分类代码和发票号码。现将有关事项通知如下：

一、统一全国普通发票分类代码和发票号码

（一）普通发票分类代码编制规则

普通发票分类代码（以下简称分类代码）为12位阿拉伯数字。从左至右排列：

第1位为国家税务局、地方税务局代码，1为国家税务局，2为地方税务局，0为总局。

第2、3、4、5位为地区代码（地、市级），以全国行政区域统一代码为准，总局为0000。

第6、7位为年份代码（例如2004年以04表示）。

第8位为统一的行业代码，其中，国税行业划分：1 工业、2 商业、3 加工修理修配业、4 收购业、5 水电业、6 其他；地税行业划分：1 交通运输业、2 建筑业、3 金融保险业、4 邮电通信业、5 文化体育业、6 娱乐业、7 服务业、8 转让无形资产、9 销售不动产、0 表示其他。

第9、10、11、12位为细化的发票种类代码，按照保证每份发票编码唯一的原则，由省、自治区、直辖市和计划单列市国家税务局、地方税务局自行编制。

（二）发票号码（即发票顺序码）编制规则

普通发票号码为8位阿拉伯数字。如发票号码资源不够用，在设计时应考虑与分类代码结合，即在分类代码的第9、10、11、12位中设置1位为批次代码。企业冠名发票，可在第9、10、11、12位分类代码中设置1位单独表示，或者直接在发票号码中以给每个企业分配一段号码的方式进行编制。

（三）印制位置和规格

分类代码和发票号码统一印制在发票右上角：第一排分类代码，第二排发票号码。发票号码采用号码机印刷的，号码机采用哥特字体。手工票、定额票、电脑票（平推打印）号码机的规格为：字高3.34 mm，字宽1.86 mm，字笔道0.34 mm，字间距0.99 mm，号码总长21.81 mm；卷式发票号码机规格为：字高3 mm，字宽1.66 mm，字笔道0.32 mm，字间距1.19 mm，号码总长21.61 mm（见附件）。发票号码采用

喷墨方式印刷的,按照号码机印刷的规格喷印。

分类代码印制规格应与发票号码一致。

二、统一代码和发票号码的执行时间

为了保证新旧分类代码、发票号码使用的顺利衔接,全国统一分类代码、发票号码启用时间为2004年7月1日,旧分类代码、发票号码截止使用时间为2004年12月31日(总局另有规定的除外)。各地可在总局规定的交替期内确定具体启用和截止时间,并报总局备案。

三、工作要求

(一)抓紧确定编码方案。各地必须按照总局统一的编码规则,编制普通发票的分类代码和发票号码。各地所确定的分类代码、发票号码编制方案,报总局征管司、信息中心备案。

(二)发票印制相对集中。配合统一普通发票分类代码和发票号码的实施,普通发票应集中到地、市级印制,有条件的地区及重要票种应集中在省一级印制。

(三)抓住契机开展发票查询。各地要充分利用统一普通发票分类代码和发票号码的有利时机,按照税务系统信息化规划"两级处理"的要求,积极创造条件,依托现有综合征管信息系统,逐步建立普通发票电话、网上查询系统。

(四)狠抓落实及时反馈。各地要充分认识统一普通发票分类代码和发票号码对实现发票管理规范化和信息化的重要意义,认真抓好更换分类代码和发票号码的各项准备工作,按要求逐项落实,并及时反馈有关情况、问题和建议,以利不断完善这项工作。

附件:号码机字体规格图样(略)。

附录 4

国家税务总局关于启用货物运输业增值税专用发票的公告

国家税务局公告〔2011〕74号

2012年1月1日起,将在部分地区和行业开展深化增值税制度改革试点,逐步将营业税改征增值税。为保障改革试点的顺利实施,税务总局决定启用货物运输业增值税专用发票。现将有关事项公告如下:

一、货物运输业增值税专用发票,是增值税一般纳税人提供货物运输服务(暂不包括铁路运输服务)开具的专用发票,其法律效力、基本用途、基本使用规定及安全管理要求等与现有增值税专用发票一致。

二、货物运输业增值税专用发票的联次和用途

货物运输业增值税专用发票分为三联票和六联票,第一联:记账联,承运人记账凭证;第二联:抵扣联,受票方扣税凭证;第三联:发票联,受票方记账凭证;第四联至第六联由发票使用单位自行安排使用。

三、货物运输业增值税专用发票纸张、式样、内容及防伪措施

(一)使用专用的无碳复写纸。

(二)发票规格为240 mm×178 mm。

(三)发票各联次颜色与现有增值税专用发票相同,各联次的颜色依次为黑、绿、棕、红、灰和紫色。

(四)发票内容包括:发票代码、发票号码、开票日期、承运人及纳税人识别号、实际受票方及纳税人识别号、收货人及纳税人识别号、发货人及纳税人识别号、密码区、起运地、经由、到达地、费用项目及金额、运输货物信息、合计金额、税率、税额、机器编号、价税合计(大写)、小写、车种车号、车船吨位、主管税务机关及代码、备注、收款人、复核人、开票人、承运人(章)。

(五)发票代码为10位,编码原则:第1~4位代表省、自治区、直辖市和计划单列市,第5~6位代表制版年度,第7位代表批次(分别用1、2、3、4表示四个季度),第8位代表票种(7代表货物运输业增值税专用发票),第9位代表发票联次(分别用3和6表示三联和六联),第10位代表发票金额版本号(目前统一用"0"表示电脑发票)。

发票号码为8位,按年度、分批次编制。

(六)货物运输业增值税专用发票的防伪措施与现有增值税专用发票相同。

四、货物运输业增值税专用发票的发售价格与增值税专用发票的发售价格一致。

五、本公告自2012年1月1日起施行。

特此公告。

二〇一一年十二月十五日

关于国家税务总局启用货物运输业增值税专用发票的政策解读

国家税务总局2011年第74号公告,宣布从2012年1月1日起,启用货物运输业增值税专用发票。这是在部分地区和行业开展深化增值税制度改革试点,逐步将营业税改征增值税过程中,采取的一项全新举措,对于促进营业税改征增值税具有重要作用。同时,这是第一次以行业命名的增值税专用发票,是对增值税专用发票制度的一项有益补充。

一、启用货物运输业专用发票的基本情况

货物运输业增值税专用发票,是本次试点地区增值税一般纳税人(以下简称"试点纳税人")提供货物运输服务(仅包括公路、内河运输服务,暂不包括铁路运输服务)开具的专用发票,其法律效力、基本用途、基本使用规定及安全管理要求等与现有增值税专用发票一致。2012年1月1日以后试点地区货物运输业纳税人提供货物运输服务时,根据实际情况,开具货物运输业增值税专用发票和普通发票,不得开具公路、内河货物运输业统一发票。

(一)货物运输业增值税专用发票分为三联票和六联票两种,第一联:记账联,作为承运人记账凭证;第二联:抵扣联,作为受票方扣税凭证;第三联:发票联,作为受票方记账凭证;第四联至第六联由发票使用单位自行安排使用。

(二)货物运输业增值税专用发票纸张、式样、内容及防伪措施

1. 使用专用的无碳复写纸。
2. 发票规格为240 mm×178 mm。
3. 发票各联次颜色与现有增值税专用发票相同,各联次的颜色依次为黑、绿、棕、红、灰和紫色。
4. 发票内容包括:发票代码、发票号码、开票日期、承运人及纳税人识别号、实际受票方及纳税人识别号、收货人及纳税人识别号、发货人及纳税人识别号、密码区、起运地、经由、到达地、费用项目及金额、运输货物信息、合计金额、税率、税额、机器编号、价税合计(大写)、小写、车种车号、车船吨位、主管税务机关及代码、备注、收款人、复核人、开票人、承运人(章)。
5. 发票代码为10位,编码原则:第1~4位代表省、自治区、直辖市和计划单列市,第5~6位代表制版年度,第7位代表批次(分别用1、2、3、4表示四个季度),第8位代表票种(7代表货物运输业增值税专用发票),第9位代表发票联次(分别用3和6表示三联和六联),第10位代表发票金额版本号(目前统一用"0"表示电脑发票)。

发票号码为8位,按年度、分批次编制。

6. 货物运输业增值税专用发票纸质发票的防伪措施与现有增值税专用发票相同。

（三）货物运输业增值税专用发票的发售价格与增值税专用发票的发售价格一致,即三联票每组0.55元,六联票每组0.90元。

二、货物运输业专用发票开具相关情况

（一）试点地区一般纳税人提供应税货物运输服务使用货物运输业专用发票,提供其他应税项目、免税项目或非增值税应税项目不得使用货物运输业专用发票。

（二）货物运输业专用发票中"承运人及纳税人识别号"栏内容为提供货物运输服务、开具货运专用发票的一般纳税人信息;"实际受票方及纳税人识别号"栏内容为实际负担运输费用、抵扣进项税额的一般纳税人信息;"费用项目及金额"栏内容为应税货物运输服务明细项目不含增值税额的销售额;"合计金额"栏内容为应税货物运输服务项目不含增值税额的销售额合计;"税率"栏内容为试点地区货物运输业增值税税率:11%;"税额"栏为按照应税货物运输服务项目不含增值税额的销售额和增值税税率计算的增值税额;"价税合计（大写）（小写）"栏内容为不含增值税额的销售额和增值税额的合计;"机器编号"栏内容为货物运输业增值税专用发票税控系统税控盘编号。

（三）启用货物运输业增值税专用发票后,试点地区增值税小规模纳税人提供货物运输服务,接受方索取货物运输业专用发票的,可向主管税务机关申请代开货物运输业专用发票,代开货物运输业专用发票按照代开专用发票的有关规定执行。

税务机关在代开货物运输业专用发票时,货物运输业增值税专用发票税控系统在货物运输业专用发票左上角自动打印"代开"字样;货物运输业专用发票"费用项目及金额"栏内容为应税货物运输服务明细项目含增值税额的销售额;"合计金额"栏和"价税合计（大写）（小写）"栏内容为应税货物运输服务项目含增值税额的销售额合计;"税率"栏和"税额"栏均自动打印"＊＊＊";"备注"栏打印税收完税凭证号码。

（四）一般纳税人提供货物运输服务,开具货物运输业专用发票后,发生应税服务中止、折让、开票有误以及发票抵扣联、发票联均无法认证等情形,且不符合发票作废条件的,需要开具红字货物运输业专用发票的,实际受票方或承运人应向主管税务机关填报《开具红字货物运输业增值税专用发票申请单》,经主管税务机关审核后,出具《开具红字货物运输业增值税专用发票通知单》（以下简称《通知单》）。承运方凭《通知单》在货物运输业增值税专用发票税控系统中以销项负数开具红字货物运输业专用发票。《通知单》暂不通过系统开具和管理,其他事项按照现行红字专用发票有关规定执行。

（五）货物运输业试点纳税人2011年12月31日前提供货物运输服务并开具公路、内河货物运输业统一发票后,如发生服务中止、折让、开票有误等,且不符合发票作废条件的,应开具红字货物运输业普通发票,不得开具红字货物运输业专用发票。对于需重新开具发票的,应开具货物运输业普通发票,不得开具货物运输业专用发票。

（六）试点地区从事国际货物运输代理业务的一般纳税人,使用六联货物运输业增值税专用发票或五联增值税普通发票,其中第四联用作购付汇联;从事国际货物运输代理业务的小规模纳税人开具的货物运输业普通发票第四联用作购付汇联。

三、货物运输业专用发票税控及认证相关情况

自2012年1月1日起,试点地区新认定的提供货物运输服务的一般纳税人统一使用货物运输业增值税专用发票税控系统。

货物运输业增值税专用发票受票方在取得该发票后,仍通过原公路内河税控系统进行认证。

四、货物运输业专用发票管理相关情况

（一）货物运输业专用发票的认证结果、稽核结果分类暂与公路、内河货物运输业统一发票一致,即涉嫌违规认证结果包括"认证不符""密文有误"和"重复认证"等类型;涉嫌违规稽核结果包括"比对不符""缺联"和"重号"等类型。认证、稽核异常货物运输业专用发票的处理暂按照现行公路、内河货物运输业统一发票的有关规定执行,详见《国家税务总局关于认证稽核系统涉嫌违规公路、内河货物运输业发票处理有关问题的通知》(国税函〔2007〕722号)。

（二）对稽核异常货物运输业专用发票的审核检查暂按照现行公路、内河货物运输业统一发票的有关规定执行,即暂不通过增值税专用发票审核检查系统进行相关审核检查。

（三）货物运输业专用发票暂不纳入失控发票快速反应机制管理。

附录 6

国家税务总局关于调整增值税扣税凭证抵扣期限有关问题的通知

国税函〔2009〕617号

各省、自治区、直辖市和计划单列市国家税务局：

2003年以来，国家税务总局对增值税专用发票等扣税凭证陆续实行了90日申报抵扣期限的管理措施，对于提高增值税征管信息系统的运行质量、督促纳税人及时申报起到了积极作用。近来，部分纳税人及税务机关反映目前的90日申报抵扣期限较短，部分纳税人因扣税凭证逾期申报导致进项税额无法抵扣。为合理解决纳税人的实际问题，加强税收征管，经研究，现就有关问题通知如下：

一、增值税一般纳税人取得2010年1月1日以后开具的增值税专用发票、公路内河货物运输业统一发票和机动车销售统一发票，应在开具之日起180日内到税务机关办理认证，并在认证通过的次月申报期内，向主管税务机关申报抵扣进项税额。

二、实行海关进口增值税专用缴款书（以下简称海关缴款书）"先比对后抵扣"管理办法的增值税一般纳税人取得2010年1月1日以后开具的海关缴款书，应在开具之日起180日内向主管税务机关报送《海关完税凭证抵扣清单》（包括纸质资料和电子数据）申请稽核比对。

未实行海关缴款书"先比对后抵扣"管理办法的增值税一般纳税人取得2010年1月1日以后开具的海关缴款书，应在开具之日起180日后的第一个纳税申报期结束以前，向主管税务机关申报抵扣进项税额。

三、增值税一般纳税人取得2010年1月1日以后开具的增值税专用发票、公路内河货物运输业统一发票、机动车销售统一发票以及海关缴款书，未在规定期限内到税务机关办理认证、申报抵扣或者申请稽核比对的，不得作为合法的增值税扣税凭证，不得计算进项税额抵扣。

四、增值税一般纳税人丢失已开具的增值税专用发票，应在本通知第一条规定期限内，按照《国家税务总局关于修订〈增值税专用发票使用规定〉的通知》（国税发〔2006〕156号）第二十八条及相关规定办理。

增值税一般纳税人丢失海关缴款书，应在本通知第二条规定期限内，凭报关地海关出具的相关已完税证明，向主管税务机关提出抵扣申请。主管税务机关受理申请后，应当进行审核，并将纳税人提供的海关缴款书电子数据纳入稽核系统进行比对。稽核比对无误后，方可允许计算进项税额抵扣。

五、本通知自2010年1月1日起执行。纳税人取得2009年12月31日以前开具的增值税扣税凭证，仍按原规定执行。

《国家税务总局关于增值税一般纳税人取得防伪税控系统开具的增值税专用发票进项税额抵扣问题

的通知》(国税发〔2003〕17号)第一条、《国家税务总局关于加强货物运输业税收征收管理的通知》(国税发〔2003〕121号)附件2《运输发票增值税抵扣管理试行办法》第五条、《国家税务总局关于加强货物运输业税收征收管理有关问题的通知》(国税发明电〔2003〕55号)第十条、《国家税务总局关于加强海关进口增值税专用缴款书和废旧物资发票管理有关问题的通知》(国税函〔2004〕128号)附件1《海关进口增值税专用缴款书稽核办法》第三条、《国家税务总局关于货物运输业若干税收问题的通知》(国税发〔2004〕88号)第十条第(三)款、《国家税务总局关于增值税一般纳税人取得海关进口增值税专用缴款书抵扣进项税额问题的通知》(国税发〔2004〕148号)第二条、第三条、第四条、《国家税务总局关于推行机动车销售统一发票税控系统有关工作的紧急通知》(国税发〔2008〕117号)第五条、《国家税务总局关于部分地区试行海关进口增值税专用缴款书"先比对后抵扣"管理办法的通知》(国税函〔2009〕83号)第一条规定同时废止。

六、各地应认真做好本通知的落实与宣传工作,执行中发现问题,应及时上报国家税务总局(货物和劳务税司)。

国家税务总局
二〇〇九年十一月九日

附录 7

错误发票清单与需手工调整发票清单

一、错误发票清单

序号	销货方	发票号码	附图	错误原因
1	新疆税友软件有限公司	00059108	2-2-5	认证超期,大于180天
2	新疆税友软件有限公司	00008913	2-2-6	超期
3	广东税友软件股份有限公司	06068413	2-2-11	专用发票代码不符,广州市为4401,4410为广东省潮州市,超期
4	新疆税友软件有限公司	00059109	2-2-23	认证超期,大于180天

二、需手工调整发票清单

序号	销货方	发票号码	附图	错误原因
1	税友软件集团股份有限公司	00026526	2-2-10	盖章地方有误(盖到金额上方)
2	上海税友软件有限公司	00002989	2-2-19	盖章地方有误(盖到销货方纳税识别号)

注:"二、需手工调整发票清单"中的两张发票,在实际工作中,出现盖章的位置不恰当,盖住了税额或者销货方纳税识别号,扫描时可能会不清楚(扫描机本身有滤红功能),这时需要手工调整,再保存。

河北增值税专用发票

No 07296401

1301141130

开票日期：2014年12月15日

购货单位	名　称：财刀网股份有限公司 纳税人识别号：330165719597888 地址、电话：杭州市滨江区南环路3738号　0571-56688106 开户行及账号：农行高新支行3300161673500001251	密码区	5<-/566<273>21/0990//　加密版本：01 >/5922055б+4/75>+980/　1301141130 -7->-0008+8//525889<0　07296401 *1>-28*036+55-170>>0+

货物或应税劳务名称	规格型号	单位	数量	单价	金额	税率	税额
单卡		个	5 000	0.205 13	1 025.64	17%	174.36
合　计					¥1 025.64		¥174.36

价税合计（大写）　⊗壹仟贰佰圆整　（小写）¥1 200.00

销货单位	名　称：河北税友软件有限公司 纳税人识别号：13010376344З854 地址、电话：石家庄市平安南大街33好阳光大厦2018室 开户行及账号：建行平安大街支行　130618601226900436l	备注	

收款人：　　　　复核：　　　　开票人：王丽娜　　销货单位：（发票专用章）

国税函〔2011〕253号 河北印钞厂

图 2-2-1

附录 8

河北增值税专用发票

No 07296402

1301141130

开票日期：2014年12月16日

购货单位	名　称：财刀网股份有限公司
	纳税人识别号：330165719597888
	地　址、电　话：杭州市滨江区南环路3738号 0571-56688107
	开户行及账号：农行高新支行33001616735050001251

密码区：
5<-/566<273>21/0990//
>/59220556+4/75>+980/
-7->-0008+8//525889<0
*1>-28*036+55-170>>0+
加密版本:01
1301141130
07296402

货物或应税劳务名称	规格型号	单位	数量	单价	金额	税率	税额
平卡		个	3000	0.38462	1153.85	17%	196.15
合　计					¥1153.85		¥196.15

价税合计（大写）⊗壹仟叁佰伍拾圆整　　（小写）¥1350.00

销货单位	名　称：河北税友软件有限公司
	纳税人识别号：13010376344385
	地　址、电　话：石家庄市平安南大街33好阳光大厦2018室
	开户行及账号：建行平安大街支行 13061860122690004361

备注：

收款人：　　　复核：　　　开票人：王丽娜

图2-2-2

深圳增值税专用发票

4403141130　　No 07069056

开票日期：2014年12月17日

购货单位	名　称：财刀网股份有限公司 纳税人识别号：33016571959788 地　址、电　话：杭州市滨江区南环路3738号 0571-56688108 开户行及账号：农行高新支行33001616735050001251				密码区	5<-/566<273>21/0990// >/59220556+4/75>+980/ -7>-0008+8//525889<0 *1>-28*036+55-170>>0+	加密版本:01 4403141130 07069056
	货物或应税劳务名称	规格型号	单位	数量	单价	金额	税率	税额
铁柜			个	2	384.615 38	769.23	17%	130.77
合　计						￥769.23		￥130.77
价税合计（大写）	⊗玖佰圆整					（小写）￥900.00		
销货单位	名　称：深圳税友软件有限公司 纳税人识别号：440301757627569 地　址、电　话：深圳市深南中路佳和华强大厦A座10楼1010 0755-83794959 开户行及账号：招商银行深纺大厦支行 958508910001				备注		

收款人：　　复核：　　开票人：吕方

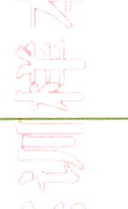

国税函〔2011〕253号深圳印钞厂

图2-2-3

附录8

深圳增值税专用发票

4403141130 No 07069057

开票日期：2014年12月18日

购货单位	名　称：财刀网股份有限公司 纳税人识别号：330165719597888 地　址、电　话：杭州市滨江区南环路3738号 0571-56688109 开户行及账号：农行高新支行33001616735050001251				密码区	5＜-/566＜273＞21/0990// 加密版本:01 ＞/5922055 56+4/75＞+980/ 4403141130 -7＞-0008+8//525889＜0 07069057 *1＞-28*036+55-170＞＞0+	
	货物或应税劳务名称	规格型号	单位	数量	单价	金额	税率	税额
铁柜			个	10	464.9526	4 649.57	17%	790.43
	合　计					￥4 649.57		￥790.43
价税合计（大写）	⊗伍仟肆佰肆拾圆整					（小写）￥5 440.00		
销货单位	名　称：深圳税友软件有限公司 纳税人识别号：440301757627569 地　址、电　话：深圳市深南中路佳和华源大厦A座10楼1010 0755-83794959 开户行及账号：招商银行深纺大厦支行 958505891 0001				备注		

收款人：　　　　　　　　复核：　　　　　　　　开票人：吕方

国税函[2011]253号深圳印钞厂

图2-2-4

图 2-2-5

新疆增值税专用发票 No 07059108

6501141130

开票日期：2014年03月06日

密码区：
5<-/566<273>21/0990// 加密版本:01
>/59220556+4/75>+980/ 6501141130
-7->-0008+8//525889<0 07059108
*1>-28*036+55-170>>0+

购货单位	名　　称：财刀网股份有限公司 纳税人识别号：330165719597888 地　址、电　话：杭州市滨江区南环路3738号 0571-56688110 开户行及账号：农行高新支行3300161673505000125						
货物或应税劳务名称	规格型号	单位	数量	单价	金额	税率	税额
		个	3 000	2.473 37	7 420.11	17%	1 261.42
合　计					￥7 420.11		￥1 261.42
价税合计（大写）	⊗ 捌仟陆佰捌拾壹圆伍角叁分					（小写）￥8 681.53	
销货单位	名　　称：新疆税友软件有限公司 纳税人识别号：650102556493074 地　址、电　话：乌鲁木齐市天山区青年路北一巷4号 0991-2680758 开户行及账号：乌鲁木齐市商业银行五星支行 0000020010110061127228				备注：		
收款人：	复核：				开票人：周三		

国税函〔2011〕253号 新疆印钞厂

附录8

新疆增值税专用发票

No 07008913

6501141130

开票日期：2014年03月20日 加密版本：01 6501141130

购货单位	名称：财刀网股份有限公司 纳税人识别号：33016571959 7888 地址、电话：杭州市滨江区南环路3738号 0571-56688111 开户行及账号：农行高新支行3300161673505001251				密码区	5<-/566<273>21/0990// >/5922 0556+4/75>+980/ -7>-0008+8//525889<0 *1>-28*036+55-170>>0+ 07008913	
货物或应税劳务名称	规格型号	单位	数量	单价	金额	税率	税额
存储器		个	100	36.1538 5	3 615.39	17%	614.61
合　计					¥3 615.39		¥614.61
价税合计（大写）	⊗肆仟贰佰叁拾圆整					（小写）¥4 230.00		
销货单位	名称：新疆税友软件有限公司 纳税人识别号：65010255 6493074 地址、电话：乌鲁木齐市天山区青年路北一巷4号 0991-2680758 开户行及账号：乌鲁木齐市商业银行五星支行 00000200101100611 27228					备注	
收款人：	复核：				开票人：周三		

图2-2-6

增值税发票网上认证系统实训教程

3301141130	浙江增值税专用发票	No 07026523

开票日期：2014年12月20日

								第三联：抵扣联 购货方抵税凭证

购货单位	名　称：财刀网股份有限公司 纳税人识别号：330165719597888 地　址、电　话：杭州市滨江区南环路3738号　0571-56688112 开户行及账号：农行高新支行3300161673505000 1251			密码区	5<-/566<273>21/0990// >/59220556+4/75>+980/ -7->-0008+8//525889<0 *1>-28*036+55-170>>0+	加密版本:01 3301141130 07026523
货物或应税劳务名称	规格型号	单位	数量	单价	金额	税率	税额
电脑		台	4	2 500	10 000.00	17%	1 700.00
合　计					￥10 000.00		￥1 700.00
价税合计（大写）	⊗ 壹万壹仟柒佰圆整				（小写）￥11 700.00		
销货单位	名　称：税友软件集团股份有限公司 纳税人识别号：330165719597557 地　址、电　话：杭州市滨江区南环路3738号税友大厦12层　56688102 开户行及账号：建行浙江省分行杭州市高新支行 3300161673505000 1250			备注			
收款人：	复核：		开票人：张三		销货单位：（章）		

国税函 [2011] 253号 浙江印钞厂

图 2-2-7

附录8

浙江增值税专用发票

3301141130　　　　　　　　　No 07026524

开票日期：2014年12月20日

购货单位	名　称：财刀网股份有限公司 纳税人识别号：330165719597888 地　址、电　话：杭州市滨江区南环路3738号　0571-56688113 开户行及账号：农行高新支行3300161673505000125		密码区	5〈-/566〈273〉21/0990// 〉/5922055б+4/75〉+980/ -7-〉-0008+8//525889〈0 *1〉-28*036+55-170〉〉0+	加密版本:01 3301141130 07026524	
	货物或应税劳务名称	规格型号	单位	数量	单价	金　额	税率	税　额

货物或应税劳务名称	规格型号	单位	数量	单价	金额	税率	税额
电脑		台	4	2 500	10 000.00	17%	1 700.00
合　计					￥10 000.00		￥1 700.00

价税合计（大写）　⊗ 壹万壹仟柒佰圆整　　　（小写）￥11 700.00

销货单位	名　称：税友软件集团股份有限公司 纳税人识别号：330165719597557 地　址、电　话：杭州市滨江区南环路3738号税友大厦12层　56688102 开户行及账号：建行浙江省分行杭州市高新支行 3300161673505000125	备注

收款人：　　　　复核：　　　　开票人：张三

图2-2-8

国税函〔2011〕253号浙江印钞厂

图 2-2-9

附录8

浙江增值税专用发票 No 07026526

3301141130 开票日期：2014年12月23日

购货单位	名　称：财刀网股份有限公司 纳税人识别号：330165719597888 地　址、电　话：杭州市滨江区南环路3738号　0571-56688115 开户行及账号：农行高新支行330016735050001251				密码区	5〈-/566〈273〉21/0990//　加密版本:01 〉/5922055 6+4/75〉+980/　3301141130 -7〉--0008+8//525889〈0　07026526 *1〉-28*036+55-170〉〉0+	
	货物或应税劳务名称	规格型号	单位	数量	单价	金额	税率	税额
电脑			台	2	4 230.77	8 461.54	17%	1 438.46
合　计						￥8 461.54		￥1 438.46
价税合计（大写）	⊗玖仟玖佰圆整					（小写）￥		
销货单位	名　称：税友软件集团股份有限公司 纳税人识别号：330165719597557 地　址、电　话：杭州市滨江区南环路3738号税友大厦12层　56688102 开户行及账号：建行浙江省分行杭州市高新支行 330016735050001250				备注		

收款人：　复核：　开票人：张三　销货单位：（章）

图 2-2-10

广东增值税专用发票

4401141130 No 07068413

开票日期:2014年03月17日

购货单位	名 称:财刀网股份有限公司 纳税人识别号:330165719597888 地 址、电 话:杭州市滨江区南环路3738号 0571-56688116 开户行及账号:农行高新支行3300161673500001251				密码区	5<-/566<273>21/0990// >/5922055 6+4/75>+980/ -7>-0008+8//525889<0 *1>-28*036+55-170>>0+	加密版本:01 4410141130 07068413
货物或应税劳务名称	规格型号	单位	数量	单价	金额	税率	税额
打印机		台	6	170.94	1 025.64	17%	174.36
合 计					¥1 025.64		¥174.36
价税合计(大写)	⊗ 壹仟贰佰圆整				(小写)¥1 200.00		
销货单位	名 称:广东税友软件股份有限公司 纳税人识别号:450110677761987 地 址、电 话:广州市天河区天河软件产业开发区906号1508房 开户行及账号:市建行高新技术产业开发区支行 44001580507059000135				备注		
收款人:		复核:			开票人:李四		

图2-2-11

附录8

4401141130

广东增值税专用发票 No 07068414

开票日期：2014年12月17日

购货单位	名　称：	财刀网股份有限公司		密码区	5<-/566<273>21/0990//　加密版本:01 >/5922055⑥+4/75>+980/　4401141130 -7->-0008+8//525889<0 *1>-28*036+55-170>>0+　07068414		
	纳税人识别号：	330165719597888					
	地　址、电　话：	杭州市滨江区南环路3738号　0571-56688117					
	开户行及账号：	农行高新支行3300161673505000125					
货物或应税劳务名称	规格型号	单位	数量	单价	金额	税率	税额
复印机		台	2	504.275	1008.55	17%	171.45
合　计					￥1008.55		￥171.45
价税合计（大写）		⊗ 壹仟壹佰捌拾圆整			（小写）￥1180.00		
销货单位	名　称：	广东税友软件股份有限公司		备注			
	纳税人识别号：	440100677761987					
	地　址、电　话：	广州市天河区天河被人业开发区906号1509房					
	开户行及账号：	市建行高新技术产业开发区支行 44001580507059000135					

收款人：　　　　复核：　　　　开票人：李四

国税函〔2011〕253号 广东印钞厂

图2-2-12

图 2-2-13

附录8

浙江增值税专用发票

3301141130　　　　　　　　　　　　　　　№ 07026610

开票日期：2014年12月18日

购货单位	名　称：财刀网股份有限公司
	纳税人识别号：330165719597888
	地　址、电　话：杭州市滨江区南环路3738号　0571-56688119
	开户行及账号：农行高新支行3300161673505001251

货物或应税劳务名称	规格型号	单位	数量	单价	金额	税率	税额
扫描仪		台	7	290.59857	2 034.19	17%	345.81
合　计					￥2 034.19		￥345.81

价税合计（大写）　⊗ 贰仟叁佰捌拾圆整　　（小写）￥2 380.00

销货单位	名　称：浙江衡信教育科技有限公司
	纳税人识别号：3301006970588965
	地　址、电　话：杭州市滨江区南环路3738号税友大厦819室　0571-56688101
	开户行及账号：农行高新支行0453010400011362

密码区：
5<-/566<273>21/0990//
>/5922055 6+4/75>+980/
-7->-0008+8//525889<0
*1>-28*036+55-170>>0+ 07026610
加密版本:01
3301141130

备注：

收款人：　　　复核：　　　开票人：李四　　　销货单位：（章）

国税函〔2011〕253号浙江印钞厂

图 2-2-14

浙江增值税专用发票 No 07026611

3301141130

开票日期：2014年12月18日

购货单位	名　称：财刀网股份有限公司	密码区	5<-/566<273>21/0990// >/5922055б+4/75>+980/ 加密版本:01 3301141130
	纳税人识别号：33016571959788		-7>-0008+8//525889<0
	地　址、电　话：杭州市滨江区南环路3738号 0571-56688120		*1>-28*036+55-170>>0+ 07026611
	开户行及账号：农行高新支行330016167350500001251		

货物或应税劳务名称	规格型号	单位	数量	单价	金额	税率	税额
空调		台	3	3 076.923 33	9 230.77	17%	1 569.23
合　计					¥9 230.77		¥1 569.23

价税合计（大写）⊗ 壹万零捌佰圆整　　　（小写）¥10 800.00

销货单位	名　称：浙江衡信教育科技有限公司	备注
	纳税人识别号：330100697058965	
	地　址、电　话：杭州市滨江区南环路3738号税友大厦819室 0571-56688102	
	开户行及账号：农行高新支行0453010400011362	

收款人：　　　复核：　　　开票人：李四　　　销货单位：（章）

图2-2-15

附录 8

浙江增值税专用发票

3301141130　　　　No 07026614

开票日期：2014年12月18日

购货单位	名　称：财刀网股份有限公司 纳税人识别号：33016571959788888 地　址、电　话：杭州市滨江区南环路3738号　0571-56688121 开户行及账号：农行高新支行330016167350500001251				密码区	5<-/566<273>21/0990//　加密版本：01 >/5922055 6+4/75>+980/　3301141130 -7->-0008+8//525889<0　07026614 *1>-28*036+55-170>>0+	
货物或应税劳务名称	规格型号	单位	数量	单价	金额	税率	税额
空调		台	5	3 076.924	15 384.61	17%	2 615.39
合　　计					¥15 384.61		¥2 615.39
价税合计（大写）	⊗壹万捌仟圆整				（小写）¥18 000.00		
销货单位	名　称：浙江衡信教育科技有限公司 纳税人识别号：330100697058965 地　址、电　话：杭州市滨江区南环路3738号税友大厦819室　0571-56688102 开户行及账号：农行高新支行 045301040011362				备注		

收款人：　　　　复核：　　　　开票人：李四

图 2-2-16

增值税发票网上认证系统实训教程

3100141130

上海增值税专用发票 No 07002987

开票日期：2014年12月18日

购货单位	名　称：财刀网股份有限公司
	纳税人识别号：330165719597888
	地　址、电　话：杭州市滨江区南环路3738号 0571-56688122
	开户行及账号：农行高新支行330016167350500001251

密码区：
```
5<-/566<273>21/0990//    加密版本:01
>/5922 0556+4/75>+980/    3100141130
-7->-0008+8//525889<0    07002987
*1>-28*036+55-170>>0+
```

货物或应税劳务名称	规格型号	单位	数量	单价	金额	税率	税额
办公桌		张	6	170.94	1 025.64	17%	174.36
合　计					¥1 025.64		¥174.36

价税合计（大写）　⊗壹仟贰佰圆整　　（小写）¥1 200.00

销货单位	名　称：上海税友软件有限公司
	纳税人识别号：310101737450823
	地　址、电　话：上海市天目中路253号蓝宝石大厦十楼 021-51015818
	开户行及账号：建行第六支行 31000158500605000 1020

备注：

收款人：　　　复核：　　　开票人：王五　　　销货单位：（发票专用章 310101737450823）

图2-2-17

国税函〔2011〕253号 上海印钞厂

附录8

上海增值税专用发票

3100141130　　　　　　　　　　　　　　　　　No 07002988

开票日期：2014年12月11日

购货单位	名称：财刀网股份有限公司 纳税人识别号：33016571959788 地址、电话：杭州市滨江区南环路3738号　0571-56688123 开户行及账号：农行高新支行330016167350500001251				密码区	5<-/566<273>21/0990//　加密版本:01 >/5922055б+4/75>+980/　3100141130 -7->-0008+8//525889<0　07002988 *1>-28*036+55-170>>0+	
货物或应税劳务名称	规格型号	单位	数量	单价	金额	税率	税额
办公桌		张	10	170.94	1709.40	17%	290.60
合　计					¥1709.40		¥290.60
价税合计（大写）	⊗ 贰仟圆整				（小写）¥2000.00		
销货单位	名称：上海税友软件有限公司 纳税人识别号：31010173745082З 地址、电话：上海市天目中路253号蓝宝石大厦十楼　021-51015818 开户行及账号：建行第六支行 310015850060500001020				备注		

收款人：　　　复核：　　　开票人：王五　　　销货单位：（发票专用章）

图 2-2-18

国税函〔2011〕253号上海印钞厂

上海增值税专用发票

3100141130　　　　　　　　　　　　　　　　No 07002989

开票日期：2014年12月11日

购货单位	名　称：财刀网股份有限公司				
	纳税人识别号：330165719597888				
	地　址、电　话：杭州市滨江区南环路3738号 0571-56688124				
	开户行及账号：农行高新支行3300161673505000125				
密码区	5<(-/566<273>21/0990//　加密版本：01 >/5922O556+4/75>+980/　3100141130 -7->-0008+8//525889<0 *1>-28*036+55-170>>0+ 07002989				

货物或应税劳务名称	规格型号	单位	数量	单价	金额	税率	税额
饮水机		台	7	222.2286	1 555.55	17%	264.45
合　计					￥1 555.55		￥264.45

价税合计（大写）　壹仟捌佰贰拾圆整　　　　　　　　（小写）￥1 820.00

销货单位	名　称：上海税友软件有限公司	备注
	纳税人识别号：310001384505032B	
	地　址、电　话：上海市蓝宝石大厦十楼 021-51015819	
	开户行及账号：建行第六支行310015850060500001020	

收款人：　　　　　　复核：　　　　　　开票人：王五

图 2-2-19

国税函〔2011〕253号上海印钞厂

河北增值税专用发票

13011141130　　No 07296403

开票日期：2014年12月16日

购货单位	名　称：财刀网股份有限公司 纳税人识别号：330165719597888 地　址、电　话：杭州市滨江区南环路3738号　0571-5668107 开户行及账号：农行高新支行33001616735050001251		密码区	5<-/566<273>21/0990// 加密版本:01 >/5922055 6+4/75>+980/　13011411 30 -7->-0008+8//525889<0　07296403 *1>-28*036+55-170>>0+	
	货物或应税劳务名称	规格型号	单位 数量	单价 金额	税率 税额
			个 2 000	0.534 19　1 068.38	17%　181.62
	合　计			￥1 068.38	￥181.62
价税合计（大写）	⊗ 壹仟贰佰伍拾圆整			（小写）￥1 250.00	
销货单位	名　称：河北税友软件有限公司 纳税人识别号：13010376344 3854 地　址、电　话：石家庄市平安南大街33好阳光大厦2018室 开户行及账号：建行平安大街支行13061860122 6900436 1		备注		

收款人：　　　　　复核：　　　　　开票人：王丽娜　　销货单位：（发票专用章）

国税函〔2011〕253号 河北印钞厂

图 2-2-20

增值税发票网上认证系统实训教程

深圳增值税专用发票

4403141130　　　　　　　№ 07069058

开票日期：2014年12月18日

购货单位	名　　称：财刀网股份有限公司
	纳税人识别号：330165719597888
	地址、电话：杭州市滨江区南环路3738号　0571-56688109
	开户行及账号：农行高新支行3300161673505001251

货物或应税劳务名称	规格型号	单位	数量	单价	金额	税率	税额
铁柜		个	3	170.94	512.82	17%	87.18
合　计					￥512.82		￥87.18

密码区：
5<-/566<273>21/0990//　加密版本:01
>/5922 0556+4/75>+980/　4403141130
-7>-0008+8//525889<0+　07069058
*1>-28*036+55-170>>0+

价税合计（大写）：⊗陆佰圆整　　（小写）￥600.00

销货单位	名　　称：深圳税友软件有限公司
	纳税人识别号：440301757627569
	地址、电话：深圳市深南中路佳和华强大厦A座10楼1010　0755-83794959
	开户行及账号：招商银行深纺支行958505891 0001

收款人：　　　复核：　　　开票人：吕方

图 2-2-21

附录8

新疆增值税专用发票

No 07059109

6501141130

开票日期：2014年03月06日

购货单位	名　　称：财刀网股份有限公司 纳税人识别号：33016571959 7888 地　址、电　话：杭州市滨江区南环路3738号 0571-56688110 开户行及账号：农行高新支行3300161673 5050001251	密码区	5<-/566<273>21/0990//　加密版本:01 >/5922 0556+4/75>+980/　6501141130 -7->-0008+8//525889<0　07059109 *1>-28*036+55-170>>0+

货物或应税劳务名称	规格型号	单位	数量	单价	金额	税率	税额
护角		个	2 500	2.249 57	5 623.93	17%	956.07
合　　计					￥5 623.93		￥956.07

价税合计（大写） ⊗ 陆仟伍佰捌拾圆整　　　　　　　　　（小写）￥6 580.00

销货单位	名　　称：新疆税友软件有限公司 纳税人识别号：65011255 6493074 地　址、电　话：乌鲁木齐市天山区青年路北一巷4号 0991-2680758 开户行及账号：乌鲁木齐市商业银行五星支行 000002001011006112 7228	备注	

收款人：　　　　　　　复核：　　　　　　　开票人：周三

图2-2-22

国税函〔2011〕253号 新疆印钞厂

4401141130　　**广东增值税专用发票**　　№ 07068416

抵扣联

开票日期：2014年12月17日

购货单位	名称：财刀网股份有限公司 纳税人识别号：330165719597888 地址、电话：杭州市滨江区南环路3738号 0571-56688116 开户行及账号：农行高新支行33001616735050001251			密码区	5<-/566<273>21/0990// >/59220556+4/75>+980/ -7->-0008+8//525889<0 *1>-28*036+55-170>>0+	加密版本:01 4401141130 07068416	
货物或应税劳务名称	规格型号	单位	数量	单价	金额	税率	税额
打印机		台	5	410.256	2 051.28	17%	348.72
合计					¥2 051.28		¥348.72
价税合计（大写）	⊗贰仟肆佰圆整				（小写）¥2 400.00		
销货单位	名称：广东税友软件股份有限公司 纳税人识别号：440100677761987 地址、电话：广州市天河区天河被人906号1508房 开户行及账号：市建行高新技术产业开发区支行 44001580507059000135			备注			

收款人：　　复核：　　开票人：李四　　销货单位：（章）

第二联：抵扣联 购货方扣税凭证

国税函〔2011〕253号广东印钞厂

图 2-2-23

附录 8

浙江增值税专用发票

3301141130 No 07026612

开票日期：2014年12月18日

购货单位	名　称：财刀网股份有限公司 纳税人识别号：330165719597888 地　址、电　话：杭州市滨江区南环路3738号　0571-56688119 开户行及账号：农行高新支行33001616173505000125l

密码区：
```
5<-/566<273>21/0990//  加密版本:01
>/5922055б+4/75>+980/  3301141130
-7->-0008+8//525889<0  07026612
*1>-28*036+55-170>>0+
```

货物或应税劳务名称	规格型号	单位	数量	单价	金额	税率	税额
扫描仪		台	2	1282.05	2564.10	17%	435.90
合　计					￥2564.10		￥435.90

价税合计（大写）　⊗叁仟圆整　　　　　（小写）￥3000.00

销货单位	名　称：浙江衡信教育科技有限公司 纳税人识别号：33010069705896 5 地　址、电　话：杭州市滨江区南环路3738号税友大厦819室　0571-56688101 开户行及账号：农行高新支行0453010400113 62

收款人：　　　复核：　　　开票人：李四　　　销货单位：（章）

图 2-2-24

货物运输业增值税专用发票

3300144730 No 00101536

开票日期：2014年12月15日

承运人及纳税人识别号	远成集团有限公司绍兴分公司 33062170449764	密码区: 02*17*78<>5<3>9<3<52161332-0+<0*56<0 -173478/31611+9-6/89*8<43786+>8**5/- 093//638/>/5-8*3248137-//+86>>591<78 <938-6>691/53><6<014-131+469*-873/5
实际受票方及纳税人识别号	财刀网股份有限公司 33016571959788	
收货人及纳税人识别号	财刀网股份有限公司 33016571959788	发货人及纳税人识别号: 新疆税友软件有限公司 650102556493074

费用项目及金额	起运地、经由、到达地		费用项目	金额	运输货物信息
			运费	3 648.65	

	合计金额	￥3 648.65	税率 11%	税额 ￥401.35	机器编号 58990024001
	价税合计（大写）	⊗肆仟零伍拾圆整			（小写）￥4 050.00
	车种车号		车船吨位		
	主管税务机关及代码	浙江省流县国家税务局 134032302	备注		

收款人：　　复核人：　　开票人：李佳一　　承运人：

国税函 [2012] 287号 海南华森实业公司

图 2-2-25

附录 8

图 2-2-26

图 2-2-27

附录 8

图 2-2-28

083

图 2-2-29

附录9

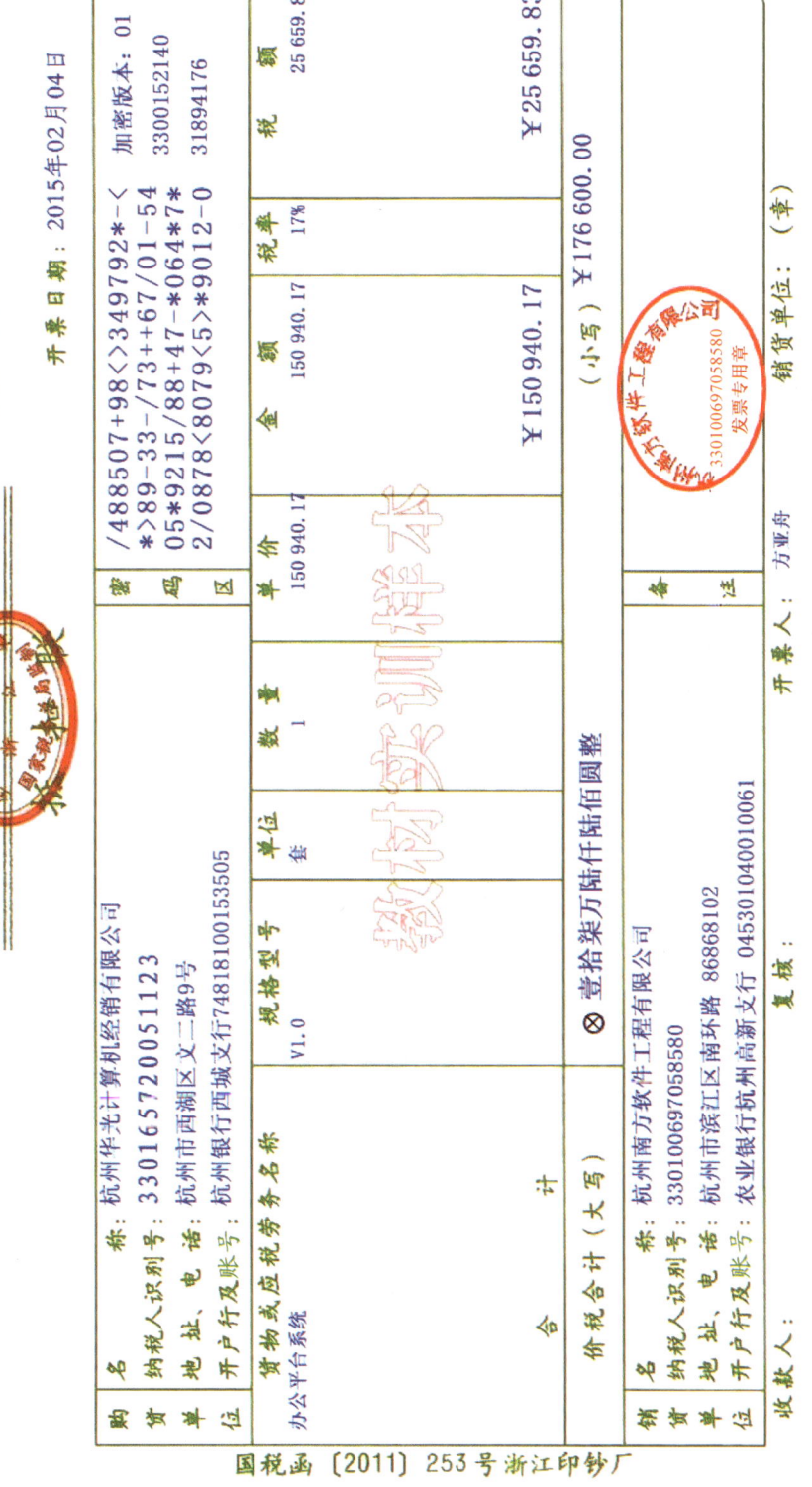

图3-1-1

浙江增值税专用发票

No 04898553

3300143140

开票日期：2015年02月05日

购货单位	名　称：	杭州华光计算机经销有限公司	密码区	-23>9/8*43-880526+94/ /43432-6+<>67787-/344 *682+/063/238+88*81>1 02559/66/796+<08<**/-	加密版本：01 3300143140 04898553
	纳税人识别号：	330165720051123			
	地　址、电　话：	杭州市西湖区文二路9号			
	开户行及账号：	杭州银行西城支行748181000153505			

货物或应税劳务名称	规格型号	单位	数量	单价	金额	税率	税额
文件夹		套	30	47.86	1 435.80	17%	244.09
A4纸		箱	2	56.20	112.40	17%	19.11
合　计					￥1 548.20		￥263.20

价税合计（大写）　⊗ 壹仟捌佰壹拾壹圆肆角整　　（小写）￥1 811.40

销货单位	名　称：	启路文化用品杭州分公司	备注	
	纳税人识别号：	33010647602678		
	地　址、电　话：	杭州市西湖区天目山路768号 81060267		
	开户行及账号：	工行保俶支行12020227090602677230		

收款人：　　　　复核：　　　　开票人：周静　　　　销货单位：（章）

图 3-1-2

附录 9

浙江增值税专用发票

No 11098560

33001431140

开票日期：2015年2月24日

购货单位	名　称：杭州华光计算机经销有限公司 纳税人识别号：330165720051123 地　址、电　话：杭州市西湖区文二路9号 开户行及账号：杭州银行西城支行748181000153505	密码区	0/〈〈0*5*453/2〈*6390-*〉 9*07/005-*4〈16538/3+〉 783-*〈81-539-607-*8+4 859*70/-7789〉*0〉12896	加密版本：01 3300143140 11098560
货物或应税劳务名称	规格型号	单位	数量	单价	金额	税率	税额
检测费		次	1	3 516.98	3 516.98	6%	211.02
合　计					￥3 516.98		￥211.02
价税合计（大写）	⊗ 叁仟柒佰贰拾捌圆整				（小写）￥3 728.00		
销货单位	名　称：浙江电子产品检验所 纳税人识别号：330106476025597 地　址、电　话：杭州市西湖区天目山路68号 81029181 开户行及账号：工行保俶支行1202022270901406723	备注					

收款人： 开票人：王工 销货单位：（章）

图 3-1-3

国税函 [2011] 253号 浙江印钞厂

3200142140　　**江苏增值税专用发票**　　№ 18622883

抵扣联

开票日期：2015年02月26日

购货单位	名　　称：杭州华光计算机经销有限公司 纳税人识别号：330165720051123 地址、电话：杭州市西湖区文二路9号 开户行及账号：杭州银行西城支行74818100153505	密码区	<8814-649<><772/*--57　加密版本：01 388-79+4/59+00>77-411　3200142140 0+<79/3+9710*/4-212-2　18622883 544-+94>66-1*25>017/9

货物或应税劳务名称	规格型号	单位	数量	单价	金额	税率	税额
墨粉	YN2225	盒	10	839.32	8 393.20	3%	251.80
合　　计					￥8 393.20		￥251.80
价税合计（大写）	⊗ 捌仟陆佰肆拾伍圆整				（小写）￥8 645.00		

销货单位	名　　称：南京市玄武区国家税务局　（代开机关） 纳税人识别号：32027700DK01275　（代开机关） 地址、电话：南京市玄武区总统府路22号82270165 开户行及账号：1614115400035　（完税凭证号）	备注	代开企业税号：320102797123980 代开企业名称：南京玄武办公用品有限公司

收款人：　　复核：　　开票人：蔡立湘　　销货单位：（章）

第二联：抵扣联　购货方扣税凭证

国税函〔2011〕253号浙江印钞厂

教材实训样本

图 3-1-4

3300141730　　货物运输业增值税专用发票　　№ 18405683

3300141730
18405683

发 票 联　　开票日期：2015年02月08日

承运人及纳税人识别号	联邦快递杭州分公司 330173769468010	密码区	8091259/20<-+47>6921/*972406+<5*2974 //6+2971*41+15752101+15985/820/<59>+ 46*019*71+280+6*07458/122--<477/>+41 0006+/>0++28*/<1876541-/02674<**6518
实际受票方及纳税人识别号	杭州华光计算机经销有限公司 330165720051123		
收货人及纳税人识别号	上海元方贸易有限公司 310114666023135	发货人及纳税人识别号	杭州华光计算机经销有限公司 330165720051123
起运地、经由、到达地			
费用项目及金额	费用项目：运费　金额：270.27　费用项目　金额	运输货物信息	
合计金额	￥270.27　税率 11%　税额 ￥29.73	机器编号	330060400019
价税合计（大写）	⊗叁佰圆整	（小写）	￥300.00
车种车号	车船吨位	备注	联邦快递杭州分公司 330173769168010 发票专用章
主管税务机关及代码	杭州市国家税务局 330104263		

收款人：　　复核人：　　开票人：于欣　　承运人：

国税函［2012］287号海南华森实业公司

第二联：抵扣联　受票方扣税凭证

图 3-1-5

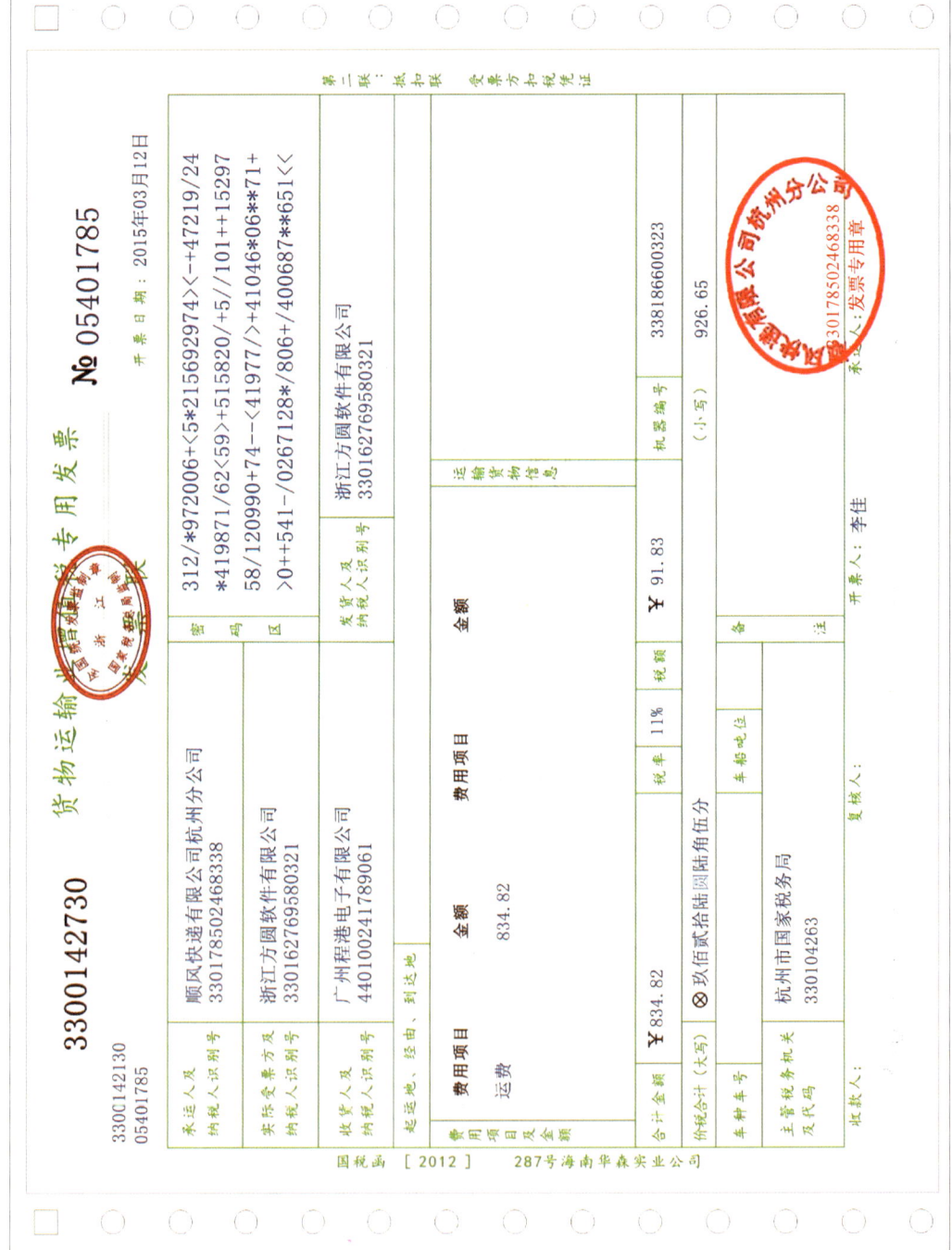

图 3-2-1

附录 10

浙江增值税专用发票

3301141140　　　　　　　　　　　　　　　　　　　No 03286620

开票日期：2015年02月25日

购货单位	名　称：浙江方圆软件有限公司 纳税人识别号：330162769580321 地　址、电　话：杭州市滨江区伟业路1号 56688111 开户行及账号：农行杭州高新支行0453110142365			密 码 区	+/+5+//<52+*9*4258->6　加密版本：01 7813544 6+-59/4+311>13　3301141140 3+4<2+8-*679*0216>189　03286620 0*-1845/>7113/97>>>*8		
货物或应税劳务名称	规格型号	单位	数量	单价	金额	税率	税额
IBM服务器	X3250	台	2	13 333.333	26 666.67	17%	4 533.33
硬盘	1T	块	5	1 025.641	5 128.21	17%	871.79
内存	4G	根	10	512.821	5 128.21	17%	871.79
合　计					￥36 923.09		￥6 276.91
价税合计（大写）	⊗ 肆万叁仟贰佰圆整				（小写）￥43 200.00		
销货单位	名　称：杭州易康信计算机工程有限公司 纳税人识别号：330100796690499 地　址、电　话：杭州大关路22号 87006201 开户行及账号：广发银行杭州文二支行 6625160000 4252			备 注			

收款人：　　　　　　　　复核：　　　　　　　　开票人：徐夏云　　　　　　销货单位：（章）

图3-2-2

3301142140　　**浙江增值税专用发票**　　№ 04118172

抵扣联

（全国统一发票监制章 浙江 国家税务局监制）

开票日期：2015年03月02日

购货单位	名称：浙江方圆软件有限公司 纳税人识别号：330162769580321 地址、电话：杭州市滨江区伟业路1号 56688111 开户行及账号：农行杭州高新支行0453110142365			密码区	<<5>*2/4*5*7+*75*7091 <0058>-6/7+1-4820+7*5 6*151-*492845<978/31> 5*+6<951/77477+3*4352	加密版本：01 3301142140 04118172	
货物或应税劳务名称	规格型号	单位	数量	单价	金额	税率	税额
信息服务费		次	1	3 113.21	3 113.21	6%	186.79
合计					¥3 113.21		¥186.79
价税合计（大写）	⊗ 叁仟叁佰圆整				（小写）¥3 300.00		
销货单位	名称：前锦网络信息技术有限公司 纳税人识别号：330165725238817 地址、电话：杭州市文三路478号 89936547 开户行及账号：中行中晖支行37161424922			备注	（前锦网络信息技术有限公司 330165725238817 发票专用章）		

第二联：抵扣联　购货方扣税凭证

收款人：　　复核：　　开票人：余文　　销货单位：（章）

国税函〔2011〕253号浙江印钞厂

教材实训样本

图 3-2-3

附录 10

浙江增值税专用发票

3301142140　　　　　　　　　　No 02041403

开票日期：2015年03月02日

加密版本：01
3301142140
02041403

购货单位	名　称：浙江方圆软件有限公司 纳税人识别号：33016276958 0321 地　址、电　话：杭州市滨江区伟业路1号 56688111 开户行及账号：农行杭州高新支行0453110142365

货物或应税劳务名称	规格型号	单位	数量	单价	金额	税率	税额
行储器	冠球103	台	5	615.3846	3 076.92	17%	523.08
合　计					￥3 076.92		￥523.08

密码区：
2/2-+9-28486280967982
13+*8+3//0+209174<4-1
0>73/*-78*>613/62/2*<
*92-21->+-1>2+2**/25-

价税合计（大写）　⊗ 叁仟陆佰圆整　　（小写）￥3 600.00

销货单位	名　称：杭州同隆科技有限公司 纳税人识别号：33010058988168X 地　址、电　话：杭州万塘路262号 56778585 开户行及账号：工行杭州市营业部1202020299000 8291

备注：白金台

收款人：　　　复核：　　　开票人：　　　销货单位：（章）

图 3-2-4

国税函〔2011〕253号 浙江印钞厂

浙江增值税专用发票

No 03286625

3301141140

开票日期：2015年03月05日
加密版本：01
3301141140
03286625

购货单位	名　　称：浙江方圆软件有限公司 纳税人识别号：33016276958080321 地　址、电　话：杭州市滨江区伟业路1号 56688111 开户行及账号：农行杭州高新支行0453110142365

密码区：
>589+*155//51<<510099
15++-1/1156149920<<+
0135*21+**/110---->1586
81><-11*658792*/1691*

货物或应税劳务名称	规格型号	单位	数量	单价	金额	税率	税额
IBM服务器	X3450	台	2	19 316.24	38 632.48	17%	6 567.52
硬盘	1T	块	2	1 025.641	2 051.28	17%	348.72
内存	4G	根	4	512.821	2 051.28	17%	348.72
内存	2G	根	4	205.13	820.52	17%	139.48
合　计					￥43 555.56		￥7 404.44

价税合计（大写）　⊗ 伍万零玖佰陆圆整　　　（小写）￥50 960.00

销货单位	名　　称：杭州易康信计算机工程有限公司 纳税人识别号：33010079669049999 地　址、电　话：杭州大关路22号 87006201 开户行及账号：广发银行杭州文三支行 662516000004252	备注

收款人：　　　复核：　　　开票人：徐爱云

图 3-2-5

国税函 [2011] 253号 浙江印钞厂

3301142140 **浙江增值税专用发票** № 04204272

（全国统一发票监制章 浙江 国家税务总局监制）

抵扣联

开票日期：2015年03月05日

购货单位	名　　称：浙江方圆软件有限公司 纳税人识别号：330162769580321 地 址、电 话：杭州市滨江区伟业路1号 56688111 开户行及账号：农行杭州高新支行0453110142365			密码区	>>5>+/>0-184379*90+</ 7222382*55*<26+3+/75/ 976<+2<22<69+0893><38 *83121*5461-6042>90+/		加密版本：01 3301142140 04204272
货物或应税劳务名称	规格型号	单位	数　量	单　价	金　额	税率	税　额
监控设备	冠球	批	1	48 068.38	48 068.38	17%	8 171.62
合　　计					￥48 068.38		￥8 171.62
价税合计（大写）	⊗ 伍万陆仟贰佰肆拾圆整				（小写）￥56 240.00		
销货单位	名　　称：杭州惠加电子有限公司 纳税人识别号：330106762009669 地 址、电 话：杭州市西湖区黄姑山路23号56679588 开户行及账号：农行科技城支行0364010140000615			备注	（杭州惠加电子有限公司 330106762009669 发票专用章）		

收款人：　　复核：　　开票人：郑丹　　销货单位：（章）

第二联：抵扣联 购货方扣税凭证

国税函〔2011〕253号浙江印钞厂

教材实训样本

图 3-2-6

				3101151130			

上海增值税专用发票 № 00228543

开票日期：2015年03月06日

购货单位	名　称：上海圆迈贸易有限公司
	纳税人识别号：33016276958032 1
	地址、电话：杭州市滨江区伟业路1号 56688111
	开户行及账号：农行杭州高新支行0453110142365

货物或应税劳务名称	规格型号	单位	数量	单价	金额	税率	税额
电脑		台	5	2 991.45	14 957.25	17%	2 542.75
合　计					￥14 957.25		￥2 542.75

价税合计（大写） ⊗ 壹万柒仟伍佰圆整   （小写）￥17 500.00

销货单位	名　称：上海圆迈贸易有限公司
	纳税人识别号：310114660255 97
	地址、电话：上海市叶城路900号39915015
	开户行及账号：浦发银行嘉定支行984301547000099 1

密码区：56*/83+*645<>9*27933+
7/5-*3--601-54*<8739<
7868+47-*88*/215/847*
859*740>+-79>0122/089

加密版本：01
3101151130
00228543

备注：

收款人：　　　复核：　　　开票人：陆平　　　销货单位：（章）

图 3-2-7

附录10

浙江增值税专用发票

No 09839144

开票日期：2015年03月15日

3301141140

购货单位	名　称：浙江方圆软件有限公司 纳税人识别号：330162769580321 地　址、电　话：杭州市滨江区伟业路1号 56688111 开户行及账号：农行杭州高新支行0453110142365				密码区	72<<+6<643+/>801//0609 9<758867<9+->*5/85>2* +>-2<9161840613+/386 *-6664+14594/5014>>5-	加密版本：01 3301141140 09839144
货物或应税劳务名称	规格型号	单位	数量	单价	金额	税率	税额
光盘		张	10 000	1.282 051 282	12 820.51	17%	2 179.49
包装盒		个	10 000	1.965 811 966	19 658.12	17%	3 341.88
合　计					￥32 478.63		￥5 521.37
价税合计（大写）	⊗ 叁万捌仟圆整				（小写）￥38 000.00		
销货单位	名　称：杭州久眉印务有限公司 纳税人识别号：330104771360588 地　址、电　话：杭州市联庄路3号 63622150 开户行及账号：杭州银行滨江支行17520685613				备注		

收款人：　　　　　复核：　　　　　开票人：许建新　　　销货单位：（章）

国税函〔2011〕253号 浙江印钞厂

图 3-2-8

3301141140

浙江增值税专用发票

抵扣联

№ 00000553

开票日期：2015年03月18日

购货单位		密码区	
名　　称：	浙江方圆软件有限公司	8005+*-505/0665-0<>01	加密版本：01
纳税人识别号：	330162769580321	+-508/6309914<851+*/8	3301141140
地 址、电 话：	杭州市滨江区伟业路1号 56688111	<50/*902492/>+++0*/16	00000553
开户行及账号：	农行杭州高新支行0453110142365	931673//+*40641061987	

货物或应税劳务名称	规格型号	单位	数量	单价	金额	税率	税额
网络耗材		批	1	29 126.213 59	29 126.21	3%	873.79
合　　计					¥29 126.21		¥873.79
价税合计（大写）	⊗ 叁万圆整				（小写）¥30 000.00		

销货单位			备注
名　　称：	杭州市高新区国家税务局	（代开机关）	代开企业税号：330165205182269 代开企业名称：杭州清软科技有限公司
纳税人识别号：	33019800DK01275	（代开机关）	
地 址、电 话：	杭州市文三300号1幢501室82270165		
开户行及账号：	1614115400035	（完税凭证号）	

收款人：　　复核：　　开票人：王新　　销货单位：（章）

杭州清软科技有限公司 330165205182269 发票专用章

全国统一发票监制章 浙江 国家税务局监制

第二联：抵扣联 购货方扣税凭证

国税函〔2011〕253号浙江印钞厂

教材实训样本

图 3-2-9

附录 10

上海增值税专用发票

3101151130   No 00228580

开票日期：2015年03月19日

购货单位	名　　称：	浙江方圆软件有限公司
	纳税人识别号：	330162769580321
	地 址、电 话：	杭州市滨江区伟业路1号 56688111
	开户行及账号：	农行杭州高新支行0453110142365

货物或应税劳务名称	规格型号	单位	数量	单价	金额	税率	税额
办公用品		批	1	2 735.04	2 735.04	17%	464.96
合　　计					¥2 735.04		¥464.96

密码区：
58*51/61<>/10+−4*1621
7/168156−−+/45065++1>
8890/+051*0*0<1505*<5
859106*740*006893746

加密版本：01
3101151130
00228580

价税合计（大写）⊗ 叁仟贰佰圆圆整　（小写）¥3 200.00

销货单位	名　　称：	上海圆迈贸易有限公司
	纳税人识别号：	310114666025597
	地 址、电 话：	上海市叶城路900号39915015
	开户行及账号：	浦发银行嘉定支行98430154700000991

备注：

收款人：   复核：   开票人：陆平   销货单位：（章）

国税函〔2011〕253号 浙江印钞厂

图 3-2-10

附录 11

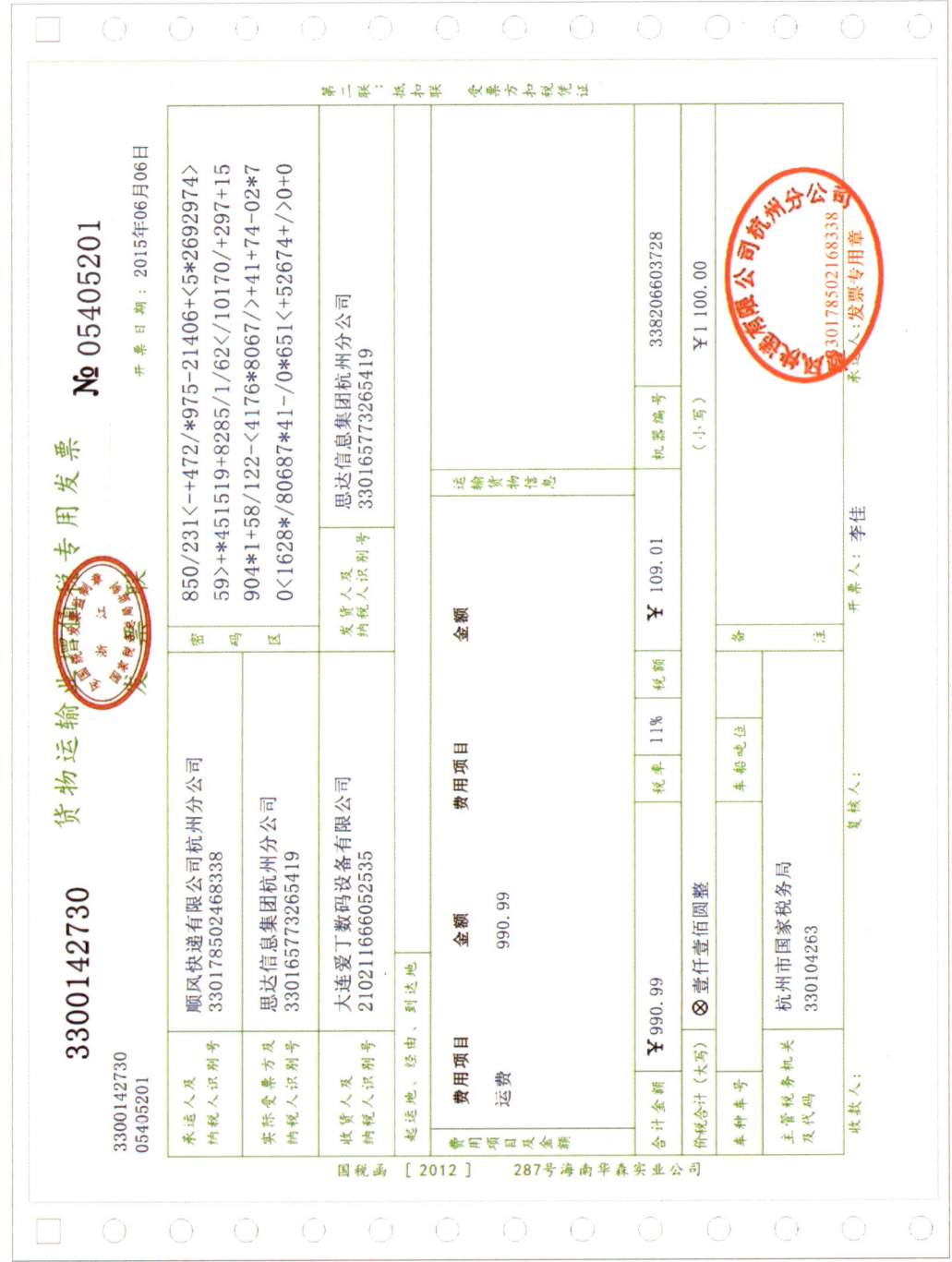

图 3-3-1

附录 11

| 3300142730 | 货物运输业专用发票 | № 05405202 |

开票日期：2015年06月28日

承运人及纳税人识别号	顺丰快递有限公司杭州分公司 33017850246833	密码区	2/*9-059/24+472*96974×<-211309+<5*21 0/+29791/1+155/+15862<5875/109>+*412 227+0280/>+41076*58/149*76+74--<411+ <078+541-/0212746O>0+***6+/08*/65168<
实际受票方及纳税人识别号	思达信息集团杭州分公司 33C165773265419	发货人及纳税人识别号	思达信息集团杭州分公司 33016577326541
收货人及纳税人识别号	浙汇恒远家具厂 33016276956321	运输货物信息	
起运地、经由、到达地			

费用项目及金额	费用项目	金额		费用项目	金额
	运费	270.27			

合计金额	￥270.27	税率 11%	税额	￥29.73
价税合计(大写)	⊗叁佰圆整	车船吨位	(小写)	￥300.00
车种车号		备注		
主管税务机关及代码	杭州市国家税务局 3301 04253		机器编号	33820660372

开票人：李佳 复核人： 收款人：

国税函 [2012] 287号 海南华森实业公司

图 3-3-2

北京增值税专用发票						
					№ 10080089	
					开票日期：2015年06月05日	
购货单位	名　称：思达信息集团杭州分公司 纳税人识别号：33016577326541 地　址、电　话：杭州市滨江区软件园 56659000 开户行及账号：建行杭州高新支行 3300161673505000100				密码区	7>7-1*-<7<85-644<2/89 0>8-793+8+4/577-41190 /3+971-212-20+0*/4<79 6-01544-+97/941*25>>6 加密版本：01 1100154140 10080089
货物或应税劳务名称	规格型号	单位	数量	单价	金额	税率	税额
电脑软件	V3.0	套	1	37 606.84	37 606.84	17%	6 393.16
合　计					￥37 606.84		￥6 393.16
价税合计（大写）	⊗肆万肆仟圆整				（小写）￥44 000.00		
销货单位	名　称：北京汇融科技发展有限公司 纳税人识别号：110191122821107 地　址、电　话：北京市房山区燕山迎风街20号 81353512 开户行及账号：工行燕山支行 02000016092000015237				备注	
收款人：				复核：	开票人：李宇航	销货单位：（章）

图3-3-3

附录11

上海增值税专用发票 No 16743197

开票日期：2015年06月06日

3100153130

购货单位	名称：思达信息集团杭州分公司 纳税人识别号：33016577326 5419 地址、电话：杭州市滨江区软件园 56659000 开户行及账号：建行杭州高新支行 3300161673505 0001000	密码区	0-+4*>2>1+45<<+7/5-208 8+793*+101/8941</<-41 /+49>1>0>9670-1+/87/* 912-7<1-0/*67+96<<467	加密版本：01 3100153130 16743197

货物或应税劳务名称	规格型号	单位	数量	单价	金额	税率	税额
企业文化手册		批	1	6 880.34	6 880.34	17%	1 169.66
合　计					￥6 880.34		￥1 169.66

价税合计（大写）⊗ 捌仟零伍拾圆整　（小写）￥8 050.00

销货单位	名称：上海湘中印刷有限公司 纳税人识别号：310226566029797 地址、电话：上海市普陀区真南路1000号 63638234 开户行及账号：上海农村商业银行桃浦支行324769080107 3008	备注：蔡立湘

收款人：　　　复核：　　　开票人：蔡立湘　　　销货单位：（章）

国税函〔2011〕253号浙江印钞厂

图3-3-4

厦门增值税专用发票

35021411130 No 00519548

开票日期：2015年06月18日

购货单位	名　称：思达信息集团杭州分公司 纳税人识别号：330165773265419 地　址、电　话：杭州市滨江区软件园 56659000 开户行及账号：建行杭州高新支行 33001616735050001000	密码区	<09874/54+*>0*064<33+ 8337-*3--9<89-54*<873 5-8*/2147*7009347-*88 8766-79>01+>2*2/089-+	加密版本：01 3502141130 00219546

货物或应税劳务名称	规格型号	单位	数量	单价	金额	税率	税额
内存 笔记本电脑		根 套	10 10	190.00 4050.00	1900.00 40500.00	17% 17%	323.00 6885.00
合　计					¥42400.00		¥7208.00

价税合计（大写）　⊗ 肆万玖仟陆佰零捌圆整　　（小写）¥49608.00

销货单位	名　称：福建望海电子设备有限公司 纳税人识别号：350203136052535 地　址、电　话：福建省厦门市望海科技大厦1楼 0592-3727277 开户行及账号：交通银行厦门分行金尚支行 352000663018010003502	备注	（章）

收款人：　　　复核：　　　开票人：方琳达　　　销货单位：（章）

图 3-3-5

国税函〔2011〕253号 浙江印钞厂

附录 11

浙江增值税专用发票

3300151140 No 04175689

开票日期：2015年06月09日

购货单位	名　　称：思达信息集团杭州分公司 纳税人识别号：330165773265419 地　址、电　话：杭州市杭州市滨江区软件园 56659000 开户行及账号：建行杭州高新支行 330016735050001000

密码区：
```
93*230/<0><*60-45*/5*    加密版本：01
>5538/3+07/009*-*4<16    3300151140
01739-6-58+47-*83-*<8    04175689
9>*0>128785970/-7869
```

货物或应税劳务名称	规格型号	单位	数量	单价	金额	税率	税额
服务费		次	1	7 075.47	7 075.47	6%	424.53
合　计					¥7 075.47		¥424.53

价税合计（大写） ⊗ 柒仟伍佰圆整　　（小写）¥7 500.00

销货单位	名　　称：前方网络科技有限公司 纳税人识别号：330162769580123 地　址、电　话：杭州市文三路490号 89937873 开户行及账号：中国银行杭州文晖支行3716142388

收款人：　　　　复核：　　　　开票人：陆兰　　销货单位：（章）

国税函〔2011〕253号浙江印钞厂

图 3-3-6

浙江增值税专用发票 No 10209337

代码：3300151140

开票日期：2015年06月10日

购货单位	名称：思达信息集团杭州分公司 纳税人识别号：330165773265419 地址、电话：杭州市杭州高新支行 56659000 开户行及账号：建行杭州高新支行 3300161673505000 1000	密码区	24-/<-098<474>*36-56 83<001>48596/418*/7-9 879-00510-<21/*054-00 87>*9069/-87*<<*590-69	加密版本：01 3300151140 10209337

货物或应税劳务名称	规格型号	单位	数量	单价	金额	税率	税额
沙发		套	1	4 829.06	4 829.06	17%	820.94
合计					¥4 829.06		¥820.94

价税合计（大写）⊗ 伍仟陆佰伍拾圆整　（小写）¥5 650.00

销货单位	名称：浙江恒远家具厂 纳税人识别号：330162769556321 地址、电话：杭州市江干区丁桥东路3号 85145111 开户行及账号：杭州联合银行丁桥支行2010000060149898	备注	

收款人：　复核：　开票人：　销货单位：（章）

图 3-3-7

附录 11

浙江增值税专用发票

发票代码：3300151140
No 11895187
开票日期：2015年06月14日
加密版本：01

购货单位	名称：思达信息集团杭州分公司
	纳税人识别号：330165773265419
	地址、电话：杭州市杭州市滨江区软件园 56659000
	开户行及账号：建行杭州高新支行 3300161673505000100

货物或应税劳务名称	规格型号	单位	数量	单价	金额	税率	税额
台式电脑		台	2	3 888.89	7 777.78	17%	1 322.22
合　计					￥7 777.78		￥1 322.22

价税合计（大写）　⊗ 玖仟壹佰圆整　（小写）￥9 100.00

销货单位	名称：杭州华光计算机经销有限公司
	纳税人识别号：33016572005112
	地址、电话：杭州市西湖区文二路9号
	开户行及账号：杭州银行西溪支行748181001535050

收款人：　　　复核：　　　开票人：王茹　　　销货单位：（章）

图 3-3-8

国税函〔2011〕253号 浙江印钞厂

上海增值税专用发票

3100153130　　No 01802187

开票日期：2015年6月13日

加密版本：01
3100153130
01802187

购货单位	名　称：思达信息集团杭州分公司
	纳税人识别号：330165773265419
	地址、电话：杭州市滨江区软件园 56659000
	开户行及账号：建行杭州高新支行 330016173505000100

货物或应税劳务名称	规格型号	单位	数量	单价	金额	税率	税额
台式机硬盘		个	2	332.49	664.98	17%	113.05
台式机内存		个	4	197.43	789.72	17%	134.25
合　计					￥1454.70		￥247.30

密码区：
20/55−2〉15−+84*〉.+7〈+4
/19+8+790〈−41*31/841〈
0〉70−1+/87/*/+9649〉1〉
12−79/*676〈46〈1−097+

价税合计（大写）　⊗ 壹仟柒佰零贰圆整　（小写）￥1702.00

销货单位	名　称：上海金鑫贸易有限公司
	纳税人识别号：310128526021146
	地址、电话：上海市普陀区真南路103号 63560875
	开户行及账号：上海农村商业银行桃浦支行324769080107311146

备注：

收款人：　　　复核：陆婷　　　开票人：　　　销货单位：（章）

图 3-3-9

3300142140　　**浙江增值税专用发票**　　№ 19430408

抵扣联

开票日期：2015年06月13日

购货单位	名　称：思达信息集团杭州分公司 纳税人识别号：330165773265419 地址、电话：杭州市杭州市滨江区软件园 56659000 开户行及账号：建行杭州高新支行 33001616735050001000			密码区	74*>8/008+-/98>94<790 *645/<0*3--4048<+--46 19<331/940+045-97<2<2 1<192>2/+71-2361-0+9+	加密版本：01 3300142140 19430408	
货物或应税劳务名称	规格型号	单位	数量	单价	金额	税率	税额
图书		册	50	58.00	2 900.00	13%	377.00
合　计					¥2 900.00		¥377.00
价税合计（大写）	⊗ 叁仟贰佰柒拾柒圆整				（小写）¥3 277.00		
销货单位	名　称：浙大出版社 纳税人识别号：330106143058000 地址、电话：杭州天目山路 88273329 开户行及账号：工行保俶支行 1202022708090404140			备注	浙大出版社 330106113058000 发票专用章		

收款人：　　复核：　　开票人：李世烈　　销货单位：（章）

第二联：抵扣联 购货方扣税凭证

国税函〔2011〕253号浙江印钞厂

图 3-3-10

图 3-3-11

附录11

浙江增值税专用发票

No 09656561

3300143140

开票日期：2015年06月22日　加密版本：01

购货单位	名　称：思达信息集团杭州分公司 3300143140
	纳税人识别号：330165773265419
	地　址、电　话：杭州市滨江区软件园 56659000
	开户行及账号：杭州联合银行丁桥支行2010000060149898

货物或应税劳务名称	规格型号	单位	数量	单价	金额	税率	税额
笔记本电脑		台	1	3 205.13	36 410.26	17%	1 089.74
合　计					￥6 410.26		￥1 089.74

密码区：3-98/8>32*40986+-254/
7/4332-877446+<>6-/43
82368+88*821>1*+/063/
96/*/-8<<0266<0559/7

价税合计（大写）　⊗ 柒仟伍佰圆整　（小写）￥7 500.00

销货单位	名　称：杭州海源电子科技有限公司
	纳税人识别号：33010647602439
	地　址、电　话：杭州市西湖区黄姑山路33号 56729180
	开户行及账号：民生银行杭州西湖支行6744170006777

备注：姜杰

收款人：　　　复核：　　　开票人：姜杰

图3-3-12

图 3-3-13

3100153130　　**上海增值税专用发票**　　№ 26742198

抵 扣 联

开票日期：2015年06月27日

购货单位		密码区	
名　　称：	思达信息集团杭州分公司	5-+852+7<4*>2>562+20/	加密版本：01
纳税人识别号：	330165773265419	814<>7963741-64<7<867	3100153130
地 址、电 话：	杭州市滨江区软件园 56659000	7/*/+0>949>1>951-1+/8	26742198
开户行及账号：	建行杭州高新支行 33001616735050001000	21/919<7537<2<5-940+0	

货物或应税劳务名称	规格型号	单位	数 量	单 价	金 额	税率	税 额
宣传彩页		批	1	2 585.47	2 585.47	17%	439.53
合　　计					￥2 585.47		￥439.53
价税合计（大写）	⊗ 叁仟零贰拾伍圆整				（小写）￥3 025.00		

销货单位		备注
名　　称：	上海湘中印刷有限公司	上海湘中印刷有限公司 310226566029797 发票专用章
纳税人识别号：	310226566029797	
地 址、电 话：	上海市普陀区真南路1000号 63638234	
开户行及账号：	上海农村商业银行桃浦支行32476908010738008	

收款人：　　复核：　　开票人：蔡立湘　　销货单位：（章）

第二联：抵扣联 购货方扣税凭证

国税函〔2011〕253号浙江印钞厂

全国统一发票监制章 上海 国家税务局监制

教材实训样本

图 3-3-14

购货单位	名　称：	思达信息集团杭州分公司			密码区	34>10/5-8+458+7<5-+26 <7<8625814<>795-64799 +/*949>18/+0>7>670-1 45-940+0<21/9197<2<33		
	纳税人识别号：	330165773265419						
	地　址、电　话：	杭州市滨江区软件园 56659000						
	开户行及账号：	建行杭州高新支行 330016167350500001000						

货物或应税劳务名称	规格型号	单位	数量	单价	金额	税率	税额
PVC卡		张	2 500	1.28	3 200.00	17%	544.00
合　　计					￥3 200.00		￥544.00

价税合计（大写）　⊗ 叁仟柒佰肆拾肆圆整　（小写）￥3 744.00

销货单位	名　称：	深圳正东实业有限公司	备注	
	纳税人识别号：	440300728565630		
	地　址、电　话：	深圳市福田区深南大厦15楼 83303888		
	开户行及账号：	平安银行深圳深职院支行 03321000074432		

收款人：　　　　　　　复核：　　　　　　　开票人：蔡立洲

图 3-3-15